JN074399

Shuwasystem Business Guide Book　How-nual

最新 個人情報保護法の
基本と実務対策が
よ〜くわかる本

2020年改正に対応！基礎からわかる

打川 和男 著

秀和システム

はじめに

　個人情報保護法（個人情報の保護に関する法律）が制定されてから17年の年月が経ち、2020年、第二回目の改正が行われました（2020年6月12日公布、2020年12月12日一部施行）。

　本書では、改正個人情報保護法への対応の準備をする企業の方々のために、個人情報保護法の基礎や、改正のポイント、参考となるガイドラインや規格などを解説しました。

第1章：個人情報保護法を理解するための、制定の背景など基礎的な内容です。初めて法対応に携わる方向けです。

第2章：個人情報保護法を理解するための、過去の改正や今回の改正のポイントなど基礎的な内容です。初めて法対応に携わる方向けです。

第3章：個人情報保護法を理解するための、個人情報保護法で使用されている用語の定義に関する基礎的な内容です。初めて法対応に携わる方向けです。

第4章〜第9章：改正のポイントを含めた、個人情報保護法の各条文の解説です。改正対応を行う方向けの章です。

第10章〜第11章：実際の法対応を行うために参考となるガイドラインや規格の解説です。初めて法対応に携わる方向けです。

第12章：個人情報取扱規程や個人情報開示規程などの文例集が掲載されています。初めて法対応に携わる方向けです。

　ぜひ、本書を活用いただき、改正個人情報保護法への対応の準備にお役立ていただければ幸いに思います。

2021年1月吉日

著者　打川　和男

図解入門ビジネス
最新個人情報保護法の基本と実務対策がよ～くわかる本

CONTENTS

第4章　個人情報保護法　個人情報取扱事業者の義務①
取得、利用に関する条項

第5章　個人情報保護法　個人情報取扱事業者の義務②
安全管理に関する条項

第**6**章 個人情報保護法　個人情報取扱事業者の義務③
第三者提供に関する条文

第**7**章 個人情報保護法　個人情報取扱事業者の義務④
本人の権利に関する条文

第8章 個人情報保護法 仮名加工情報取扱事業者等及び 匿名加工情報取扱事業者等の義務

第9章 個人情報保護法　罰則

第10章 個人情報保護法ガイドラインと補完的ルール

個人情報保護法
制定の背景

　本章では、個人情報保護法の理念や目的などを正しく理解するために、国際的な個人情報保護に関するルールや制度の背景、各国及び国内の個人情報保護のルールや制度、個人情報保護法の概要について解説します。

図解入門
How-nual

1-1
個人情報保護に関するルールや制度の背景

1980年にOECDが各国間におけるプライバシー保護と個人データの国際的流通を目的に、OECD8原則を策定しました。1995年にEU指令が発令されたことにより、各国が個人情報保護のルールや制度（法律の整備を含む）を策定することが必要になりました。

▶▶ 各国の個人情報保護のルールや制度化のきっかけ

世界的な個人情報保護に関する制度及び法制化の動きは、情報技術の発展に伴い、個人情報の属性の変化や管理するデータの大容量化によるリスクの増大が懸念され、1980年にOECD（経済協力開発機構）より、**OECDプライバシーガイドライン（プライバシー保護と個人データの流通についてのガイドラインに関する理事会勧告）** が発行されたことに始まります。

また、1995年に**EUデータ保護指令**が発令されました。このEU指令とは、**個人データ処理にかかる個人情報の保護及び当該データの自由な移動に関する欧州議会及び理事会の指令**のことを指し、個人情報のEU以外の第三国への移転について、その第三国が充分なレベルの保護措置を講じていない場合には、その移転を禁止するという内容でした。

これに伴い、各国で法整備や個人情報保護に関する制度化が行われ、わが国でも様々な検討がなされました。

▶▶ OECDプライバシーガイドラインとは

OECDプライバシーガイドラインは、プライバシー保護と個人データの国際的流通のためのガイドラインであり、以下の8つの原則が定められていました（OECDプライバシー8原則）。

- 目的明確化の原則　（Purpose Specification Principle）

- 利用制限の原則　(Use Limitation Principle)
- 収集制限の原則　(Collection Limitation Principle)
- データ内容の原則　(Data Quality Principle)
- 安全保護の原則　(Security Safeguards Principle)
- 公開の原則　(Openness Principle)
- 個人参加の原則　(Individual Participation Principle)
- 責任の原則　(Accountability Principle)

　なお、**OECDプライバシーガイドライン**は、2013年に改正され、加盟国における、プライバシー執行機関の設置の義務付けや、プライバシーフレームワーク間の相互運用の促進など、新たな項目が追加されました。

　また、**EUデータ保護指令**は、2016年4月27日に、**EU一般データ保護規則**（GDPR：General Data Protection Regulation）が採択され、これに置き換えられました（適用は、2年間の移行期間の後の2018年5月25日）。

OECDプライバシーガイドライン	
1．目的明確化の原則 (Purpose Specification Principle)	個人データの収集目的を明確にし、データ利用は収集目的に合致するべきである。
2．利用制限の原則 (Use Limitation Principle)	データ主体（個人情報の持ち主）の同意がある場合や法律の規定による場合を除いては、収集したデータを目的以外に利用してはならない。
3．収集制限の原則 (Collection Limitation Principle)	個人データは、適法・公正な手段により、かつ情報主体に通知または同意を得て収集されるべきである。
4．データ内容の原則 (Data Quality Principle)	収集する個人データは、利用目的に沿ったもので、かつ、正確・完全・最新であるべきである。
5．安全保護の原則 (Security Safeguards Principle)	合理的安全保護措置により、紛失・破壊・使用・修正・開示等から保護すべきである。
6．公開の原則 (Openness Principle)	個人データ収集の実施方針等を公開し、データの存在、利用目的、管理者等を明示するべきである。
7．個人参加の原則 (Individual Participation Principle)	自己（データ主体）に関するデータの所在及び内容を確認させ、または異議申立を保証するべきである。
8．責任の原則 (Accountability Principle)	個人データの管理者は諸原則実施の責任を有する。

1-2
各国及び国内の個人情報保護のルールや制度の対応

EUデータ保護指令（1995年）が発令されたことにより、日本を含む、各国で個人情報の保護に関する法律の整備が進められました。

▶▶ 各国の対応

各国では、**OECDプライバシーガイドライン**の発行に伴い、個人情報の保護に関する法整備化が検討されました。例えば、英国では1998年に、**Data Protection Act 1998**が発行され、仏国では、1978年に発行した、**情報処理、情報ファイル及び自由に関する法律**を、OECDの8原則に適用させ、2004年に改正しました。

▶▶ 国内の対応

国内では、**OECDプライバシーガイドライン**の発行に伴い、1988年に**行政機関の保有する電子計算機処理に係る個人情報の保護に関する法律**を制定しました。

ただし、この法律は、あくまでも行政機関を対象とする法律だったため、**EUデータ保護指令（1995年）**が発令された後、当時の通産省が1997年に、**民間部門における電子計算機処理に係る個人情報の保護に関するガイドライン**を発行しました。あわせて、1998年には、このガイドラインの普及や民間企業の個人情報保護の取り組みを推進することを目的に、**プライバシーマーク制度**の運用が開始されました。1999年には、個人情報保護に関するJIS規格（日本産業規格 ※当時は日本工業規格）として、**JIS Q 15001:1999（個人情報保護に関するコンプライアンス・プログラムの要求事項）**が発行され、**プライバシーマーク制度**の審査基準が、通産省のガイドラインから、このJIS規格に変更されました。

なお、**プライバシーマーク制度**やJIS Q 15001については、後述する章で詳しく解説します。

国内の対応

1980年

OECD
プライバシー保護の8原則
①目的明確化の原則
②利用制限の原則
③収集制限の原則
④データ内容の原則
⑤安全保護の原則
⑥公開の原則
⑦個人参加の原則
⑧責任の原則

1995年

EU
EU指令（個人データ保護指令）

1988年

行政機関の保有する電子計算機処理に係る個人情報の保護に関する法律

1997年

民間部門における電子計算機処理に係る個人情報の保護に関するガイドライン（通商産業省）

1998年

プライバシーマーク制度開始（JIPDEC）

1999年

JISQ15001：1999発行
日本工業規格

2005年

2003年
個人情報の保護に関する法律施行
2005年
個人情報の保護に関する法律全面施行

▶▶ 官民包括的な個人情報の保護に関する法律の制定

　その後、国内では、個人情報の保護に関する法律の制定準備が進められ、2003年に、官民包括的な法律として、個人情報保護法が制定されました。

　なお、個人情報保護法は、国及び地方公共団体の責務・施策（第一章から第三章）と個人情報取扱事業者（民間企業）の義務等（第四章以降）に分かれており、第一章から第三章が、公布である2003年5月30日に施行され、第四章以降が、2005年4月1日に施行されました。

- 第一章　総則、第二章　国及び地方公共団体の責務等、第三章　個人情報の保護に関する施策等
- 第四章　個人情報取扱事業者の義務等
- 第五章　雑則　※現在の第五章は個人情報保護委員会
- 第六章　罰則　※現在の第六章は雑則
- 第七章　制定時はなし　※現在の第七章は罰則

1-3
個人情報保護法とは

　個人情報保護法とは、正式には、「個人情報の保護に関する法律（平成十五年法律第五十七号）」といいます。個人の権利と利益を保護する為に、個人情報を取得し取り扱っている事業者に対し、様々な義務と対応を定めた法律です。

▶▶ 第四章の個人情報取扱事業者の義務等

　個人情報保護法の**第四章　個人情報取扱事業者の義務等**は、個人の権利と利益を保護する為に、個人情報を取得し取り扱っている事業者に対し、様々な義務と対応を定めています。

　基本的には本人である個人の権利を定める法律ではなく、企業が守らなければならない義務を定めています。事業者は、この法律により、利用目的の特定および制限、適切な取得、取得に際する利用目的の通知または公表、安全管理、第三者提供の制限などの義務が課せられます。

　主となる義務は、大きく分けて、以下のように分類されます。

- 個人情報の取扱に関する義務
- 個人情報のセキュリティの確保に関する義務
- 個人情報の本人への対応に関する義務

▶▶ 個人情報の取扱に関する義務

　個人情報の取扱に関する義務では、個人情報の取得、利用、本人への利用目的の通知に関する義務が規定されており、以下の条項が対象となります。

- 第15条　利用目的の特定
- 第16条　利用目的による制限
- 第17条　適正な取得
- 第18条　取得に際しての利用目的の通知等

個人情報保護法 第四章 個人情報取扱事業者 の義務等

個人情報の取扱に関する義務 （取得・利用・通知）
15　利用目的の特定
16　利用制限
17　適正な取得
18　取得・変更時の利用目的等の通知

個人情報のセキュリティの 確保に関する義務
19　正確性の保持
20　安全管理措置
21　従業者の監督
22　委託先の監督
23　第三者提供の制限

個人情報の本人への 対応に関する義務
24　保有個人データの公表
25　開示義務
26　訂正等の義務
27　利用停止義務
28　理由説明義務
29・30・31　手続き・手数料・苦情処理

個人情報のセキュリティの確保に関する義務

　個人情報のセキュリティの確保に関する義務では、データ等のセキュリティ対策のみならず、従業員や委託先などの監督、第三者提供の制限に関する義務が規定されており、以下の条項が対象となります。

- 第19条　データ内容の正確性の確保等
- 第20条　安全管理措置
- 第21条　従業者の監督
- 第22条　委託先の監督
- 第23条　第三者提供の制限

個人情報の本人への対応に関する義務

　個人情報の本人への対応に関する義務では、自社が保有している個人情報（保有個人データ）の公表、保有個人データの本人からの開示や訂正等の要求への対応、ならびに苦情相談などの本人とのコミュニケーションに関する義務も規定されて

おり、以下の条項が対象となります。

- 第24条　保有個人データに関する事項の公表等
- 第25条　開示
- 第26条　訂正等
- 第27条　利用停止等
- 第28条　理由の説明
- 第29条　開示等の求めに応じる手続
- 第30条　手数料
- 第31条　個人情報取扱事業者による苦情の処理

　なお、改正版の個人情報保護法では、幾つかの条項が改正により追加されていますので、保有個人データに関する事項の公表等は第27条、開示は第28条、訂正等は第29条、利用停止等は第30条、理由の説明は第31条、開示等の請求等に応じる手続は第32条、手数料は第33条、個人情報取扱事業者による苦情の処理は第35条となっています。

　また、個人情報保護法の**第四章　個人情報取扱事業者の義務等**の各条項に関しては、本書の第4章以降で詳しく解説いたします。

第 **2** 章

個人情報保護法の改正

個人情報保護法は、2003 年に制定され、過去二回の改正が行われました。

本章では、第一回目の改正の背景と改正の目的及び概要、第二回目（今回）の改正の背景と改正の目的及び概要を解説します。

2-1
個人情報保護法の1回目の
改正のきっかけ

個人情報保護法は、個人情報の有用性の確保と個人情報保護の強化を目的とし、2015年9月に第一回目の改正が行われました。

▶▶ 改正のきっかけとなった事項

個人情報保護法の1回目の改正は、2015年9月に公布され、2017年の5月に施行されました。なお、この改正の目的は、**個人情報の有用性の確保と個人情報保護の強化**とし、具体的には、以下が主となる改正のポイントとしてあげられます。

- 個人情報の定義を明確化することによりグレーゾーンを解決し、また、誰の情報か分からないように加工された、**匿名加工情報**を新設し、企業の自由な利活用を認めることにより経済を活性化すること（**個人情報の有用性の確保**）
- 名簿屋問題等の対策として、必要に応じて個人情報の流通経路を辿ることができるようにし、また、不正に個人情報を提供した場合の罰則を設け、不正な個人情報の流通を抑止すること（**個人情報保護の強化**）

なお、この改正のきっかけは、国会でも取り上げられた、**大手交通系企業のデータ提供問題と名簿屋問題**があげられます。

▶▶ 大手交通系企業のデータ提供問題

情報通信技術の進展により、膨大なパーソナルデータが収集・分析される、ビッグデータ時代が到来しました。ただし、当時は個人情報として取り扱うべき範囲の曖昧さ（グレーゾーン）のために、企業は利活用を躊躇しているような状況でした。そのような時期に発生したのが、**大手交通系企業のデータ提供問題**でした。

その内容は、大手交通系企業が、ICカードの情報をビッグデータとして販売を

開始し、その取引企業が、そのビッグデータを活用し、マーケティングを目的とした情報提供サービスを発表しましたが、ICカードの情報が個人情報に当たるのではないかという批判が集中し、ICカードの情報の販売を中止しました。騒動の元となったICカードの情報は個人を特定できるデータではないため、個人情報には当たらなかったという見解を販売元が示した一方で、事前承諾を得ていなかったことや説明が不足していたことを認めました。そのことが、ビッグデータに対する人々の不安を煽ることになり、このような経緯から、個人情報保護法を改正し、個人情報の定義を明確化することが検討されました。

▶▶ 名簿屋問題

　大手教育系出版社から流出した個人情報が、複数の名簿業者へ渡り、名簿業者間で取引が繰り返されていたことにより被害が拡大しました。また、名簿業者同士で売買が繰り返されることで、流出元が不明となり、どこから流出したのかが分からなくなるという問題がありました。その結果、個人情報保護法を改正し、個人情報の流出元を追跡できるようにすること、不正に個人情報を提供した場合の罰則を設けることが検討されました。

第一回目の改正のきっかけ

改正のねらい

個人情報の有用性の確保と個人情報保護の強化に関する制度改正

改正の背景

- 情報通信技術の進展により、膨大なパーソナルデータが収集・分析される、ビッグデータ時代が到来
- 他方、個人情報として取り扱うべき範囲の曖昧さ（グレーゾーン）のために、企業は利活用を躊躇（大手交通系企業のデータ提供問題）
- また、名簿屋問題により、個人情報の取り扱いについて一般国民の懸念も増大。

「大手交通系企業のデータ提供問題」とは、2013年6月に発生した大手交通系企業の「ICカード」の乗降履歴等の第三者提供を指しています。

「名簿屋問題」とは、2014年7月に発生した顧客情報の流出・流用事件を指しています。

2-2
個人情報保護法の1回目の
改正内容①

　個人情報保護法の第一回目の改正により、匿名加工情報の新設、第三者提供に関する条項の強化が行われました。

▶▶ 個人情報保護法の1回目の改正

　個人情報保護法の1回目の改正では、前述した、**大手交通系企業のデータ提供問題と名簿屋問題**のような課題の解決に加え、主として下記の3つのテーマに対して改正が行われました。

- 個人情報の利活用（匿名加工情報）
- 個人情報の保護の強化（個人情報のトレーサビリティの確保）
- 個人情報保護に関するグローバル対応（外国への個人情報の提供の制限）

▶▶ 個人情報の利活用（匿名加工情報）

　前述した、**大手交通系企業のデータ提供問題**にもあったように、個人が特定できないように加工された個人情報について取り扱い方法を定める必要があり、新たに**匿名加工情報**という定義を設け、関連して、以下の条文が追加されました。

- 第36条（匿名加工情報の作成等）
- 第37条（匿名加工情報の提供）
- 第38条（識別行為の禁止）
- 第39条（安全管理措置等）

　なお、**匿名加工情報**を取り扱う事業者として、**匿名加工情報取扱事業者**という用語も定義に追加されました。**匿名加工情報**の定義やその詳しい内容は、本書の第3章で解説します。

個人情報の保護の強化（個人情報のトレーサビリティの確保）

　もうひとつの課題であった、名簿屋問題への対策として、個人情報の不正な流通を防止するために、個人情報の提供に関する条文が強化又は追加され、あわせて、違反した場合の罰則も定められました。

- ■ 第23条（第三者提供の制限）を強化
- ■ 第25条（第三者提供に係る記録の作成等）を追加
- ■ 第26条（第三者提供を受ける際の確認等）を追加
- ■ 第7章　罰則（第82条—第88条）を追加

　この改正で、第三者提供の制限が強化されたことに加え、記録の作成も追加事項になりました。なお、記録の対象は、第三者提供を行った日付、提供先などが含まれます（第25条）。また、第三者提供を受けた場合も記録の作成が必要となりました（第26条）。

第一回目の改正のポイント

改正のポイント

- ● 個人情報の定義を明確化することによりグレーゾーンを解決し、また、誰の情報か分からないように加工された**匿名加工情報**について、企業の自由な利活用を認めることにより経済を活性化。

  - ・第36条（匿名加工情報の作成等）
  - ・第37条（匿名加工情報の提供）
  - ・第38条（識別行為の禁止）
  - ・第39条（安全管理措置等）

- ● 他方、いわゆる名簿屋問題対策として、**個人情報の流通経路を辿ることができる**ようにし、また、**不正に個人情報を提供した場合の罰則を設け、**不正な個人情報の流通を抑止。

  - ・第23条（第三者提供の制限）を強化
  - ・第25条（第三者提供に係る記録の作成等）を追加
  - ・第26条（第三者提供を受ける際の確認等）を追加
  - ・第7章　罰則（第82条—第88条）を追加

個人情報の有用性の確保

個人情報の保護の強化

2-3
個人情報保護法の1回目の改正内容②

第三者提供の制限に関する強化の一環として、外国にある第三者への提供に関する条項も追加されました。

▶▶ 個人情報保護に関するグローバル対応（外国への個人データの提供の制限）

近年、インターネットによる海外へのアクセスが容易になり、事業においても、グローバルな取引が日常的に行われるようになりました。そのため、通常の国内での第三者提供に関する規制とは別に、**第24条（外国にある第三者への提供の制限）**として、**外国の第三者**に提供する場合の条文が追加されました。

▶▶ 個人情報取扱事業者の定義の変更

個人情報取扱事業者の定義の中にあった個人情報取扱事業者とならない事業者の条件である、「四 その取り扱う個人情報の量及び利用方法からみて個人の権利利益を害するおそれが少ないものとして政令で定める者」が削除され、取り扱う個人情報の量に関係なく、1件でも個人情報を取り扱う事業者であれば、個人情報取扱事業者に該当することになりました。

▶▶ 要配慮個人情報の追加

匿名加工情報に加え、**要配慮個人情報**という新たな個人情報が定義されました。この**要配慮個人情報**は、「本人の人種、信条、社会的身分、病歴、犯罪の経歴、犯罪により害を被った事実その他本人に対する不当な差別、偏見その他の不利益が生じないようにその取扱いに特に配慮を要するものとして政令で定める記述等が含まれる個人情報をいう。」と定義されました。

あわせて、第17条（適正な取得）が改正され、法で定める場合を除き、あらかじめ本人の同意を得ないで、要配慮個人情報を取得することが禁止されました。

要配慮個人情報については、本書の第3章で詳しく解説します。

▶▶ その他の改正点

前述のテーマ以外にも、1回目の改正では、用語の定義の追加や、既存の条項の強化など、個人情報取扱事業者に大きく影響を与える、以下のような改正がありました。

- 個人識別符号の定義を追加
- 第19条（データ内容の正確性の確保等）に、不要となった個人データを遅滞なく消去する努力義務を追加
- 第34条（事前の請求）を追加し、本人の権利を保護

第一回目の改正の概要		
個人情報保護法（2003）	**個人情報保護法（2017）**	**備考**
第15条 利用目的の特定	第15条 利用目的の特定	本質的な変更なし（緩和）
第16条 利用目的による制限	第16条 利用目的による制限	変更なし
第17条 適正な取得	第17条 適正な取得	強化（要配慮個人情報の取得制限）
第18条 取得に際しての利用目的の通知等	第18条 取得に際しての利用目的の通知等	本質的な変更なし
第19条 データ内容の正確性の確保	第19条 データ内容の正確性の確保	強化（データ廃棄）
第20条 安全管理措置	第20条 安全管理措置	変更なし
第21条 従業者の監督	第21条 従業者の監督	変更なし
第22条 委託先の監督	第22条 委託先の監督	変更なし
第23条 第三者提供の制限	第23条 第三者提供の制限	強化（個人情報保護委員会に届出）
	第24条 外国にある第三者への提供の制限	新設（非認可国への提供禁止）
	第25条 第三者提供に係る記録の作成等	新設（提供した際の記録の作成）
	第26条 第三者提供を受ける際の確認等	新設（提供受ける際の確認と記録の作成）
第24条 保有個人データに関する事項の公表等	第27条 保有個人データに関する事項の公表等	本質的な変更なし
第25条 開示	第28条 開示	本質的な変更なし（本人の権利のみ追加）
第26条 訂正等	第29条 訂正等	本質的な変更なし（本人の権利のみ追加）
第27条 利用停止等	第30条 利用停止等	本質的な変更なし（本人の権利のみ追加）
第28条 理由の説明	第31条 理由の説明	本質的な変更なし
第29条 開示等の求めに応じる手続	第32条 開示等の求めに応じる手続	本質的な変更なし
第30条 手数料	第33条 手数料	本質的な変更なし
	第34条 事前の請求	新設（本人の権利）
第31条 個人情報取扱事業者による苦情の処理	第35条 個人情報取扱事業者による苦情の処理	変更なし
	第36条 匿名加工情報の作成等	新設（事業者の匿名加工情報の取り扱い）
	第37条 匿名加工情報の提供	新設（含まれる情報と提供方法の公表など）
	第38条 識別行為の禁止	新設（削除された情報、加工法取得、照合禁止）
	第39条 安全管理措置	新設（匿名加工情報の安全管理と苦情処理）

第2章 個人情報保護法の改正

2-4 個人情報保護法の今回の改正のきっかけ

個人情報保護法は、事業者の責務の強化や更なる個人情報の利活用促進を目的とし、2020年6月に第二回目の改正が行われました。

▶▶ 改正のきっかけとなった事項

個人情報保護法の2回目の改正は、2020年6月に公布され、改正された個人情報保護法の施行は一部を除き、公布後2年以内とされています。

なお、今回の改正の主となるポイントは、以下があげられます。

◎個人（本人）の権利の確保
- 利用停止・消去等の請求権緩和
- 保有個人データの電磁的記録による開示や第三者提供記録の本人への開示

◎事業者の責務の強化
- 漏えい等により、個人の権利利益を害する場合、個人情報保護委員会への報告を義務化
- 違法又は不当な行為を助長するような不適正な個人情報の利用を禁止
- オプトアウトにて第三者提供できる個人データの範囲を限定

◎個人情報の利活用促進
- 仮名加工情報の定義を設け、個人情報に関するイノベーション促進を図る
- 提供先において個人データとなることが想定される場合の第三者提供に関する本人の同意確認を義務化

◎ペナルティの強化
- 個人情報保護委員会による命令違反や、個人情報保護委員会に対する虚偽

報告等の法定刑を引き上げ

● データベース等の不正提供罪や個人情報保護委員会による命令違反の罰金
について、法人の罰金額を引き上げ

　なお、この改正のきっかけは、**破産者マップ問題**と**大手就職サイトの運営会社
によるデータ販売、海外法規制との整合**があげられます。

▶▶ 破産者マップ問題

　インターネットのあるアプリケーションの機能を用いて公開された**破産者マップ**
は、直近約3年間の官報に掲載されている情報から、自己破産や個人再生、及び特
別清算をした人や企業の情報をマップ化し、マップ上のピンを押すと、破産者の
氏名又は社名や、住所などが表示されるよう作られたものでした。

　公開された情報を基に作成されたマップではありましたが、個人情報の取り扱
いという視点では、以下のような大きな問題がありました。

- プライバシーの侵害や、差別や悪用につながる
- 本人の同意を得ずに、破産した個人の情報が第三者に提供される

　なお、**破産者マップ**は、自己破産等をした人の、その後の生活にも影響を及ぼ
す問題であるとして、SNSなどでも数多く取り上げられて広がり、その問題点が
浮き彫りとなりました。

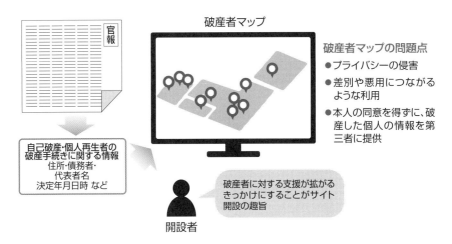

破産者マップの問題点

破産者マップ

破産者マップの問題点
- プライバシーの侵害
- 差別や悪用につながる
  ような利用
- 本人の同意を得ずに、破
  産した個人の情報を第
  三者に提供

自己破産・個人再生者の
破産手続きに関する情報
住所・債務者・
代表者名
決定年月日時 など

破産者に対する支援が拡がる
きっかけにすることがサイト
開設の趣旨

開設者

▶▶ 大手就職情報サイトの運営会社によるデータ販売

　この事件は、就職情報サイトを運営する企業が、サービスを利用する学生本人の了解をとらずに、いわゆる「**内定辞退率**」を算出し、企業に販売していた問題です。個人情報保護委員会は、同社に2度目の勧告を行うとともに、データを購入する契約をしていた35の企業にも指導を行いました。

　この事件での基本的な問題は、個人情報を基に加工されたデータが、提供する側では特定の個人が識別できないよう加工していても、提供を受ける企業側で特定の個人を識別できるということを知りながら、**個人情報**としての取り扱いをせずに、第三者提供に関する本人の同意を得なかったことがあげられます。

　また、プレサイトの段階で公表していた個人情報の利用目的では、行動分析をして第三者に提供することは読み取れるものの、さらにプロファイリングを行って、個人データに**内定辞退率**の情報まで紐づけられ、利用企業等に提供されることまで本人が想定できない、ということが問題視されることとなりました。

大手就職情報サイトの運営会社によるデータ販売の問題

問題①
分析した内定辞退率を提供する旨の利用目的は公表せず

問題②
学生本人の同意を取得せずに企業へ提供

問題③
提供を受けた個人データが、本人の同意に基づいて取得されたものかを確認していない

▶▶ 海外法規制との整合

EU域内で制定されている**GDPR（General Data Protection Regulation：一般データ保護規則）**では、IPアドレスやcookieなどのオンライン識別子も個人データとして取り扱い、取得する際にはユーザーの同意が必要とされています。前述した、**大手就職サイトの運営会社によるデータ販売**の問題でも、cookieを使ったデータの突合が行われていたため、改正に当たっては、その取り扱い方法についても議論されてきました。今回の改正では、「個人関連情報」という定義を設け、その情報の第三者提供の制限が追加されました。

また、**GDPR**では、個人の識別ができない情報に関しては、簡易な取扱いを認められています。日本では、前回の改正個人情報保護法で、**匿名加工情報**という定義が設けられましたが、加工方法や安全管理措置、公表の必要性など、様々な制約があり、活用が進まなかったという現状がありました。今回の改正では**仮名加工情報**という定義ができ、一定の加工や安全管理を行うことで、個人データの社内活用を進めることが期待されています。

2-5
個人情報保護法の今回の改正内容

　個人情報保護法の2回目の改正では、本人の権利の確保や、事業者の責務の強化、個人情報の利活用促進と保護、およびペナルティの強化などが主なテーマとなりました。

▶▶ 個人情報保護法の今回の改正

　2回目となる、個人情報保護法の今回の改正では、前述した、**破産者マップ問題**と**大手就職サイトの運営会社によるデータ販売、海外法規制との整合**のような課題の解決に加え、主として下記の4つのテーマに対して改正が行われました。

- 個人（本人）の権利の確保
- 事業者の責務の強化
- 個人情報の利活用促進
- ペナルティの強化

▶▶ 個人（本人）の権利の確保

　今回の改正では、個人情報の本人が、その情報の利用停止や消去を求める場合の条件緩和や、保有個人データの開示等を求める場合に、電磁的記録を含めた開示方法を本人が指示できるようになるなど、個人情報の本人に対する権利の確保が進められました。なお、これに関連して改正された条文は、①**第2条（定義）**、②**第28条（開示）**、③**第30条（利用停止等）**となります。

　第2条（定義）の改正では、**保有個人データ**の定義から、短期保有個人データの除外条件が削除されました。

　また、第28条（開示）の改正では、電磁的記録の提供などによる開示方法や、第三者提供に関する記録を対象とすることが追加されました。

　最後に、第30条（利用停止等）の改正では、利用停止等を求めることができる

条件が追加されました。

今回の改正の概要			
	現行法	改正法	主な改正内容
個人（本人）の権利の確保	第2条（定義）	第2条（定義）	「保有個人データ」から、短期保有個人データの除外条件を削除
	第28条（開示）	第28条（開示）	電磁的記録の提供などによる開示方法や、第三者提供に関する記録を対象とすることを追加
	第30条（利用停止等）	第30条（利用停止等）	利用停止等を求めることができる条件を追加
事業者の責務の強化	−	第16条の2（不適正な利用の禁止）	新設（個人情報を、差別や悪用につながるような方法で利用することを禁止）
	−	第22条の2（漏えい等の報告等）	新設（個人情報の漏えいなどが発生した場合は、個人情報保護委員会へ報告すること）
	第23条（第三者提供の制限）	第23条（第三者提供の制限）	第三者提供を行う場合の条件強化
	第27条（保有個人データに関する事項の公表等）	第27条（保有個人データに関する事項の公表等）	事業者の公表すべき項目に、事業者の住所・代表者名を追加
個人情報の利活用促進	第2条（定義）	第2条（定義）	「仮名加工情報」および「仮名加工情報取扱事業者」を追加
	−	第2節　仮名加工情報取扱事業者等の義務第35条の2（仮名加工情報の作成等）	新設（仮名加工情報の作成・取扱い公表などに関する条文を新設）
	−	第26条の2（個人関連情報の第三者提供の制限等）	新設（提供を受ける側で個人データとして取得される場合には、提供元は、提供先が本人から同意を得ていることを確認することを義務化）
ペナルティの強化	第83条・84条・85条・87条	第83条・84条・85条・87条	罰金の金額引き上げ（詳細は図表「改正個人情報保護法の罰則」へ）
その他の改正点	第24条（外国にある第三者への提供の制限）	第24条（外国にある第三者への提供の制限）	本人への情報提供を充実
	第47条（認定）第49条（変更の認定等）第51条（対象事業者）	第47条（認定）第49条（変更の認定等）第51条（対象事業者）	認定個人情報保護団体の認定に関する要件を改正
	第75条（適用範囲）	第75条（適用範囲）	個人情報取扱事業者等が、国内にいる本人の個人情報、個人関連情報又はそれらを基に作成された仮名加工情報や匿名加工情報を、外国において取り扱う場合にも適用するよう改正
	−	第78条の2（国際約束の誠実な履行等）	新設（国が締結した条約や国際約束の誠実な履行と、確立された国際法規の遵守を規定）

▶▶ 事業者の責務の強化

　前述した、**破産者マップ問題**と**大手就職サイトや運営会社によるデータ販売**の課題にもあったように、個人情報の不適正な利用や、不適切な第三者提供を防止するため、個人情報取扱事業者の責務が強化されました。

　なお、事業者の責務の強化を意図して改正された条文は、**①第16条の2（不適正な利用の禁止）**、**②第22条の2（漏えい等の報告等）**、**③第23条（第三者提供の制限）の条件強化**、**④第27条（保有個人データに関する事項の公表等）**となります。

　第16条の2（不適正な利用の禁止）の新設では、**個人情報を、差別や悪用につながるような方法で利用することを禁止**しました。

　また、**第22条の2（漏えい等の報告等）の新設では、個人の権利利益を害する**
ような事故（詳細は個人情報保護委員会が定める）が発生した場合は、個人情報
保護委員会へ報告することが義務付けられました。

　あわせて、**第23条（第三者提供の制限）**の条件強化では、オプトアウトにて**第**
三者提供を行う個人データが、要配慮個人情報や、不適正な方法で取得されたも
のである場合は対象外とすることや、オプトアウト要件として本人に通知または公
表する事項に、事業者の住所や代表者、第三者に提供される個人データの取得の
方法などが追加されました。

▶▶ 個人情報の利活用促進

　匿名加工情報による個人情報の利活用が進まなかった背景から、**仮名加工情報**
の定義とその管理方法を新設し、内部での分析に利用することを条件に、開示や
利用停止請求への対応の義務を緩和しました。また、cookieなどにより取得され
るユーザーデータ（個人関連情報）が法を潜脱して第三者提供されることへの対
策として、**第26条の2（個人関連情報の第三者提供の制限等）**を新設し、提供者
側では個人データでないよう加工されていても、提供を受ける側で個人データと
して取得される場合には、提供元は、提供先が本人から同意を得ていることを確
認することを義務化しています。

　なお、これに関連して改正された条文は、以下のものとなります。

- ■ 第2条（定義）に、仮名加工情報および仮名加工情報取扱事業者を追加
- ■ 第2節　仮名加工情報取扱事業者等の義務として第35条の2（仮名加工情報の作成等）を新設
- ■ 第26条の2（個人関連情報の第三者提供の制限等）を新設

▶▶ ペナルティの強化

　改正前の個人情報保護法では、個人情報取扱事業者に科される罰則について、
最大でも1年以下の懲役又は50万円以下の罰金とされていたことから、違反行為
に対する実効性が不十分であるとして、ペナルティの強化が必要との議論がなさ
れてきました。**GDPR**のような海外法規制でもペナルティの強化が大きな潮流と

なっており、**日本でも今回の改正において、法人の罰則が大幅に引き上げられました**。関連する条文は、**第83条、第84条、第85条、第87条**となります（詳細は図表を参照ください）。

改正個人情報保護法の罰則		
罰則の対象となる条件	個人（行為者）の場合	法人の場合
第83条 個人情報保護委員会が、命令に違反した場合	1年以下の懲役又は100万円以下の罰金	1億円以下の罰金刑
第84条 個人情報取扱事業者（若しくはその従業者又はこれらであった者）が、その業務で取り扱った個人情報データベース等を、不正な利益を図る目的で提供し、又は盗用したとき	1年以下の懲役又は50万円以下の罰金	1億円以下の罰金刑
第85条 次の各号のいずれかに該当する場合 1.個人情報保護委員会の監督に従わず、資料の提出や報告をしない場合や、虚偽の報告をした場合 2.認定個人情報保護団体が、個人情報保護委員会への報告をせず、又は虚偽の報告をした場合	50万円以下の罰金	50万円以下の罰金
第87条 法人の代表者又は法人若しくは人の代理人、使用人その他の従業者が、その法人又は人の業務に関して、次の各号に掲げる違反行為をしたときは、行為者を罰するほか、その法人に対して当該各号に定める罰金刑を、その人に対して各本条の罰金刑を科する。 1.第83条及び第84条　1億円以下の罰金刑 2.第85条　同条の罰金刑	－	－

その他の改正点

上記のテーマ以外にも、2回目の改正では個人情報取扱事業者に大きく影響を与える、以下のような改正がありました。

- 第24条（外国にある第三者への提供の制限）の改正
- 第47条（認定）の改正
- 第49条（変更の認定等）の改正
- 第51条（対象事業者）の改正
- 第75条（適用範囲）の改正
- 第78条の2（国際約束の誠実な履行等）の新設

　第24条（外国にある第三者への提供の制限） の改正では、本人への情報提供が拡充されました。

　また、**第47条（認定）、第49条（変更の認定等）、第51条（対象事業者）** の改正では、認定個人情報保護団体の認定に関する要件が改正されました。

　あわせて、**第75条（適用範囲）** の改正では、個人情報取扱事業者等が、国内にいる本人の個人情報、個人関連情報又はそれらを基に作成された**仮名加工情報**や**匿名加工情報**を、外国において取り扱う場合にも適用するよう改正されました。

　最後に、**第78条の2（国際約束の誠実な履行等）** の新設では、国が締結した条約や国際約束の誠実な履行と、確立された国際法規の遵守が規定されました。

第3章

個人情報保護法
定義の解説

　個人情報保護法を正しく理解するためには、使用されている用語の定義を理解することが重要です。

　本章では、個人情報保護法で定義されている、個人情報、個人識別符号、要配慮個人情報、個人情報データベース等、個人情報取扱事業者、匿名加工情報、仮名加工情報について解説します。

3-1
個人情報とは

　日常的に使用されている**個人情報**という言葉の定義について、個人情報保護法や関連するガイドラインなどで、それぞれどのように定めているかを解説します。

▶▶ 個人情報とは

　個人情報保護法の第2条の定義では、個人情報とは、**生存する個人に関する情報**であって、以下のいずれかに該当するものをいう、と定義しています。

- 当該情報に含まれる**氏名、生年月日その他の記述等に記載され、若しくは記録され、又は音声、動作その他の方法を用いて表された一切の事項により特定の個人を識別することができるもの**（他の情報と容易に照合することができ、それにより特定の個人を識別することができることとなるものを含む。）
- **個人識別符号**が含まれるもの

　なお、**個人識別符号**に関しては、次の項で解説します。

▶▶ 個人情報とは（個人情報保護法ガイドライン（通則編）の解説）

　個人情報の定義について、**個人情報保護法ガイドライン（通則編）**では以下のように補足しています。

- **個人に関する情報**とは、氏名、住所、性別、生年月日、顔画像等個人を識別する情報に限られず、個人の身体、財産、職種、肩書等の属性に関して、事実、判断、評価を表す全ての情報であり、評価情報、公刊物等によって公にされている情報や、映像、音声による情報も含まれ、暗号化等によって秘匿化されているかどうかを問わない。

　したがって、書面やデータの中で記載された氏名や住所、生年月日のような情報だけでなく、個人の身体や財産、職種などに関する事実や評価を表すものであれば、**公表されている情報**や、**映像や音声などについても、個人情報として取り扱う必要がある**、ということになります。

　また同ガイドラインでは、個人情報にあたる事例を具体的に紹介しています。

- 本人の氏名
- 生年月日、連絡先（住所・居所・電話番号・メールアドレス）、会社における職位又は所属に関する情報について、それらと本人の氏名を組み合わせた情報
- 防犯カメラに記録された情報等本人が判別できる映像情報
- 本人の氏名が含まれる等の理由により、特定の個人を識別できる音声録音情報
- 特定の個人を識別できるメールアドレス
- 個人情報を取得後に当該情報に付加された個人に関する情報
- 官報、電話帳、職員録、法定開示書類（有価証券報告書等）、新聞、ホームページ、SNS（ソーシャル・ネットワーク・サービス）等で公にされている特定の個人を識別できる情報

個人情報取扱事業者における個人情報

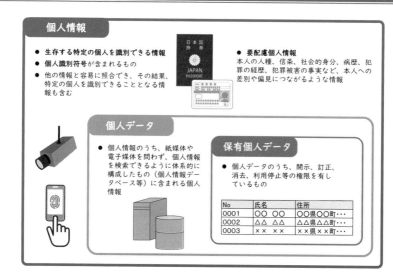

個人情報
- **生存する特定の個人を識別できる情報**
- **個人識別符号**が含まれるもの
- 他の情報と容易に照合でき、その結果、特定の個人を識別できることとなる情報も含む

要配慮個人情報
本人の人種、信条、社会的身分、病歴、犯罪の経歴、犯罪被害の事実など、本人への差別や偏見につながるような情報

個人データ
- 個人情報のうち、紙媒体や電子媒体を問わず、個人情報を検索できるように体系的に構成したもの（個人情報データベース等）に含まれる個人情報

保有個人データ
- 個人データのうち、開示、訂正、消去、利用停止等の権限を有しているもの

No	氏名	住所
0001	〇〇　〇〇	〇〇県〇〇町…
0002	△△　△△	△△県△△町…
0003	××　××	××県××町…

3-2
個人識別符号とは

前項で解説した、**個人情報**の定義に登場する、**個人識別符号**という言葉の定義について、解説します。

▶▶ 個人識別符号とは

個人情報保護法の定義　第2条2では、**個人識別符号**とは、以下のいずれかに該当する**文字、番号、記号その他符号**のうち、**政令**で定めるものをいう、と定義しています。

- 特定の個人の身体の一部の特徴を電子計算機の用に供するために変換した文字、番号、記号その他の符号であり、かつ当該特定の個人を識別することができるもの
- 個人に提供される役務の利用若しくは個人に販売される商品の購入に関し割り当てられ、又は個人に発行されるカードその他の書類に記載され、若しくは電磁的方式により記録された文字、番号、記号その他の符号であって、その利用者若しくは購入者又は発行を受ける者ごとに異なるものとなるように割り当てられ、又は記載され、若しくは記録されることにより、特定の利用者若しくは購入者又は発行を受ける者を識別することができるもの

▶▶ 政令による補足

個人情報保護法の施行令では、**個人識別符号**に関する補足について、以下のように定めています。

- 身体の特徴（容貌、静脈の形状、指紋、または掌紋など）のいずれかを電子計算機の用に供するために変換した文字、番号、記号その他の符号であって、特定の個人を識別するに足りるものとして**個人情報保護委員会規則**で

定める基準に適合するもの

- 旅券の番号
- 基礎年金番号
- 免許証の番号
- 住民票コード
- 個人番号（マイナンバー）
- 証明書（国民健康保険、後期高齢者医療、介護保険の被保険者証）にその発行を受ける者ごとに異なるものとなるように記載された**個人情報保護委員会規則**で定める文字、番号、記号その他の符号
- その他前各号に準ずるものとして**個人情報保護委員会規則**で定める文字、番号、記号その他の符号

個人識別符号		
		個人識別符号
身体の特徴		DNA を構成する塩基の配列
		顔の骨格及び皮膚の色並びに目、鼻、口その他の顔の部位の位置及び形状によって定まる容貌
		眼球の表面の起伏により形成される線状の模様
		声帯の振動、声門の開閉、声道の形状やその変化
		歩行の際の姿勢及び両腕の動作、歩幅その他の歩行の態様
		手指の皮、下の静脈の分岐及び端点によって定まるその静脈の形状
		指紋、または掌紋
旅券		旅券番号
国民年金法		基礎年金番号
各種運転免許証		免許証の番号
住民基本台帳		住民票コード
マイナンバーカード		個人番号（マイナンバー）
国民健康保険	被保険者証	保険者番号および被保険者記号・番号
後期高齢者医療	被保険者証	保険者番号および被保険者番号
介護保険	被保険者証	保険者番号および被保険者番号
その他	健康保険	保険者番号および被保険者等記号・番号
	船員保険	保険者番号および被保険者等記号・番号
	パスポート	旅券番号（日本発行を除く）
	在留カード	在留カードの番号
	私立学校教職員共済組合	保険者番号および加入者等記号・番号
	国家公務員共済組合	保険者番号および組合員等記号・番号
	地方公務員等共済組合	保険者番号および組合員等記号・番号
	雇用保険	被保険者番号
	特別永住者証明書	証明書の番号

3-3

要配慮個人情報とは

要配慮個人情報という言葉の定義について、個人情報保護法や施行令、施行規則などで、それぞれどのように定めているかを解説します。

▶▶ 要配慮個人情報とは

個人情報保護法の定義　第2条3では、要配慮個人情報について、「本人の人種、信条、社会的身分、病歴、犯罪の経歴、犯罪により害を被った事実その他本人に対する不当な差別、偏見その他不利益が生じないようにその取扱いに特に配慮を要するものとして**政令で定める記述等**が含まれる個人情報をいう」と定義しています。

▶▶ 政令による補足

個人情報保護法の施行令では、個人情報保護法で定める**要配慮個人情報**とは、①身体障害、知的障害、精神障害、発達障害、その他の心身の機能の障害、②医師等により行われた健康診断等の結果、③健康診断等の結果に基づいて医師等により指導、診療、調剤が行われたこと、④被疑者または被告人として、逮捕、捜索、差押え、勾留、公訴の提起、その他の刑事事件に関する手続が行われたこと、⑤二十歳未満の者に対し、犯罪またはその疑いのある者として、調査、観護の措置、審判、保護処分その他の少年の保護事件に関する手続が行われたこと、のいずれかを内容とする記述等（本人の病歴又は犯罪の経歴に該当するものを除く）と定めています。

▶▶ 施行規則による補足

個人情報保護法の施行規則では、**個人情報保護法の施行令**で定める**心身の機能の障害**とは、①**身体障害**（視覚障害、聴覚または平衡感覚の障害、音声機能、言語機能または咀嚼機能障害、肢体不自由、心臓、腎臓または呼吸機能の障害）、②**知的障害**、③**発達障害を含む精神障害**（統合失調症、精神作用物質による急性中

毒またはその依存症、知的障害、精神病質その他の精神疾患、知的障害を除く発達障害等が低年齢において発現するもの（自閉症、アスペルガー症候群、その他の広汎性発達障害、学習障害、注意欠陥多動性障害、その他これに類する脳機能の障害））、④**難病等**（治療方法が確立していない疾病で十八歳以上であるもの、その他特殊の疾病であって政令で定めるものによる障害の程度で十八歳以上であるもの）のいずれかに該当する障害であると定めています。

要配慮個人情報に該当するもの	
要配慮個人情報	**該当するもの**
人種	・人種、世系、民族的若しくは種族的出身
信条	・個人の基本的なものの見方、考え方 ・思想と信仰の双方を含むもの
社会的身分	・ある個人にその境遇として固着し、一生の間、自らの力によって容易にそれから脱し得ないような地位
病歴	・病気に罹患した経歴（特定の病歴を示した部分）
犯罪の経歴	・前科（有罪の判決を受けて確定した事実）
犯罪により害を被った事実	・身体的被害、精神的被害、および金銭的被害の別を問わず犯罪の被害を受けた事実 ・刑事事件に関する手続がされたもの
身体障害、知的障害、精神障害（発達障害を含む）個人情報保護委員会規則で定める心身の機能の障害があること、または過去にあったことを特定させる情報	・身体障害があることを特定させる情報 ・知的障害があることを特定させる情報 ・精神障害（発達障害を含む）があることを特定させる情報 ・難病等があることを特定させる情報 ・上記のうちいずれかの障害があること、または過去にあったことを特定させる情報 ・上記を示す障害があることを診断、または判定されたこと ・上記を示す障害者手帳を交付を受け、所持しているという事実、または過去に所持していたという事実
医師等により行われた健康診断等の結果	・健康診査、健康診断、特定健康診査、健康測定、ストレスチェック、遺伝子検査等、受診者本人の健康状態が判明する検査の結果
健康診断等の結果に基づき、または疾病、負傷その他の心身の変化を理由として、本人に対して医師等により心身の状態の改善のための指導または診療若しくは調剤が行われたこと	・健康診断等の結果、特に健康の保持に努める必要がある者に対し、医師または保健師が行う保健指導等の内容 ・面接指導の内容、医師、保健師、管理栄養士により行われた特定保健指導の内容等 ・保険者や事業主が任意で実施または助成により受診した保健指導の内容 ・保健指導等を受けたという事実 ・医療施設における診療・調剤の過程で、患者の身体の状況、病状、治療状況等について、医療従事者・薬剤師が知り得た情報全て（診療記録、調剤録、薬剤服用歴、お薬手帳等） ・病院等を受診したという事実 ・薬局等で調剤を受けたという事実
本人を被疑者または被告人として、逮捕、捜索、差押え、勾留、公訴の提起その他の刑事事件に関する手続が行われたこと	・本人を被疑者または被告人として、刑事事件に関する手続が行われた事実
本人を非行少年またはその疑いのある者として、調査、観護の措置、審判、保護処分その他の少年の保護事件に関する手続が行われたこと	・本人を非行少年又はその疑いのある者として、保護処分等の少年の保護事件に関する手続が行われた事実

3-4
個人情報データベース等とは

個人情報データベース、個人データ、保有個人データについて、個人情報保護法や関連するガイドラインなどで、それぞれどのように定めているかを解説します。

▶▶ 個人情報データベース等とは

個人情報保護法の定義　第2条4では、**個人情報データベース等**とは、個人情報を含む情報の集合物であって、以下に掲げるものを指す、と定義されています。

- 電子計算機を用いて特定の個人情報を検索できるよう、体系的に構成したもの
- 特定の個人情報を容易に検索できるよう、体系的に構成したものとして**政令**で定めるもの

なお、利用方法からみて個人の権利利益を害するおそれが少ないものとして**政令**で定めるものは除外するとされています。

▶▶ 政令による補足①

個人情報保護法の施行令では、**特定の個人情報を容易に検索できるよう、体系的に構成したもの**とは、「個人情報を一定の規則に従って整理することにより特定の個人情報を容易に検索できるように目次、索引、その他検索を容易にするためのものを保有するもの」と定めています。

▶▶ 政令による補足②

個人情報保護法の施行令では、**利用方法からみて個人の権利利益を害するおそれが少ないもの**とは、以下の全てに該当するものと定めています。

- ■ 不特定多数の者に販売することを目的として発行されたものであり、その発行が個人情報保護法、または個人情報保護法に基づく命令の規定に違反して行われたものでないこと
- ■ 不特定多数の者により随時に購入することができ、またはできたものであること
- ■ 生存する個人に関する他の情報を加えることなく提供しているものであること

▶▶ 個人情報データベース等とは（個人情報保護法ガイドライン（通則編）の解説）

個人情報データベース等の定義について、**個人情報保護法ガイドライン（通則編）**では以下のように補足しています。

- ■ **個人情報データベース等**とは、コンピュータを用いて特定の個人情報を検索することができるように体系的に構成した、個人情報を含む情報の集合物をいう
- ■ コンピュータを用いていない場合であっても、**紙面で処理した個人情報を五十音順等の一定の規則に従って整理・分類し、特定の個人情報を容易に検索することができるよう、目次、索引、符号等を付けて、容易に検索可能な状態であるもの**も該当する
- ■ 以下のいずれにも該当するものは、**利用方法からみて個人の権利利益を害するおそれが少ない**ため、個人情報データベース等には該当しない
  - ● 不特定多数の者に販売することを目的として発行されたものであって、その発行が個人情報保護法または個人情報保護法に基づく命令の規定に違反して行われたものでないこと
  - ● 不特定多数の者により随時に購入することができ、またはできたものであること
  - ● 生存する個人に関する他の情報を加えることなく提供しているものであること

また、個人情報保護法ガイドライン（通則編）では、個人情報データベース等

に該当する事例と該当しない事例を紹介しています。

　なお、ポイントとなっているのは、個人情報が五十音順等の一定のルールに基づいて整理された状態であることです。また、事例にある**市販の電話帳、住宅地図、職員録、カーナビゲーションシステム等**が個人情報データベース等に該当しない理由は、**個人情報保護法の施行令**に規定された、**利用方法からみて個人の権利利益を害するおそれが少ないもの**に該当するからです。

個人情報データベース等

個人情報保護法ガイドライン
（通則編）

個人情報データベース等に該当する事例

- ●電子メールソフトに保管されているメールアドレス帳がメールアドレスと氏名を組み合わせた情報を入力している場合
- ●インターネットサービスにおいて、ユーザーが利用したサービスにかかるログ情報がユーザーIDによって整理され、保管されている電子ファイルがユーザーIDと個人情報を容易に照合することができる場合
- ●従業者が、名刺の情報を業務用パソコン（所有者を問わない）の表計算ソフト等を用いて入力・整理している場合
- ●人材派遣会社が登録カードを氏名の五十音順に整理し、五十音順のインデックスを付けてファイルとして保管している場合

個人情報データベース等に該当しない事例

- ●従業者が、自己の名刺入れについて他人が自由に閲覧できる状態で保管していても、他人には容易に検索できない独自の分類方法により名刺を分類した状態である場合
- ●アンケートの戻りはがきが、氏名、住所等により分類整理されていない状態である場合
- ●市販の電話帳、住宅地図、職員録、カーナビゲーションシステム等

▶▶ 個人データとは

　個人情報保護法の定義　第2条6では、**個人データ**とは、個人情報データベース等を構成する個人情報をいうと定義しています。

　ただし、個人情報データベース等に該当しないものを構成する個人情報は、利用方法からみて個人の権利利益を害するおそれが少ないため、個人データに該当

しないとなっています。

　なお、**個人情報保護法ガイドライン（通則編）**では、個人データに該当する事例として、以下をあげており、個人データに該当しない事例として、**個人情報データベース等を構成する前の入力用の帳票等に記載されている個人情報**をあげています。

- ■ 個人情報データベース等から外部記録媒体に保存された個人情報
- ■ 個人情報データベース等から紙面に出力された帳票等に印字された個人情報

▶▶ 個人保有データとは

　個人情報保護法の定義　第2条7では、**保有個人データ**とは、個人情報取扱事業者が、開示、内容の訂正、追加又は削除、利用の停止、消去及び第三者への提供の停止を行うことのできる権限を有する個人データであって、その存否が明らかになることにより公益その他の利益が害されるものとして**政令で定める**ものをいうと定義しています。

　なお、**個人情報取扱事業者**に関しては、次の章で解説しています。

保有個人データに該当しないものの例	
当該個人データの存否が明らかになることにより、本人または第三者の生命、身体、財産に危害が及ぶおそれがあるもの	・家庭内暴力、児童虐待の被害者の支援団体が保有している、加害者（配偶者または親権者）および被害者（配偶者または子）を本人とする個人データ
当該個人データの存否が明らかになることにより、違法または不当な行為を助長し、誘発するおそれがあるもの	・暴力団等の反社会的勢力による不当要求の被害等を防止するために事業者が保有している、反社会的勢力に該当する人物を本人とする個人データ ・不審者や悪質なクレーマー等による不当要求の被害等を防止するために事業者が保有している、当該行為を行った者を本人とする個人データ
当該個人データの存否が明らかになることにより、国の安全が害されるおそれ、他国若しくは国際機関との信頼関係が損なわれるおそれ又は他国若しくは国際機関との交渉上不利益を被るおそれがあるもの	・製造業者、情報サービス事業者等が保有している、防衛に関連する兵器・設備・機器・ソフトウェア等の設計、または開発の担当者名が記録された当該担当者を本人とする個人データ ・要人の訪問先やその警備会社が保有している、当該要人を本人とする行動予定等の個人データ
当該個人データの存否が明らかになることにより、犯罪の予防、鎮圧又は捜査その他の公共の安全と秩序の維持に支障が及ぶおそれがあるもの	・警察から捜査関係事項照会等がなされることにより初めて取得した個人データ ・警察から契約者情報等について捜査関係事項照会等を受けた事業者が、その対応の過程で作成した照会受理簿・回答発信簿、照会対象者リスト等の個人データ（当該契約者情報自体は「保有個人データ」に該当する） ・収受した財産が犯罪による収益である疑いが認められた場合の届出の有無および届出に際して新たに作成した個人データ ・振込め詐欺に利用された口座に関する情報に含まれる個人データ

3-5
個人情報取扱事業者とは

個人情報取扱事業者という言葉の定義について、個人情報保護法や関連するガイドラインなどで、それぞれどのように定めているかを解説します。

▶▶ 個人情報取扱事業者とは

個人情報保護法の定義　第2条5では、**個人情報取扱事業者**とは、**個人情報データベース等を事業の用に供している者をいう**。ただし、次に掲げる者を除くと定義されています。

- 国の機関
- 地方公共団体
- 独立行政法人等
- 地方独立行政法人

▶▶ 個人情報取扱事業者とは（個人情報保護法ガイドライン（通則編）の解説）

個人情報取扱事業者について、**個人情報保護法ガイドライン（通則編）**では、以下のように補足しています。

- 個人情報データベース等を事業の用に供している者（国の機関、地方公共団体、独立行政法人等、地方独立行政法人を除く）を指す
- 個人情報データベース等を事業の用に供している者であれば、当該個人情報データベース等を構成する個人情報によって識別される特定の個人の数の多寡にかかわらず、個人情報取扱事業者に該当する
- 法人格のない、権利能力のない社団任意団体又は個人であっても、個人情報データベース等を事業の用に供している場合は個人情報取扱事業者に該当する

　なお、「事業の用に供している」の**事業**とは、一定の目的をもって反復継続して遂行される同種の行為であって、かつ社会通念上事業と認められるものをいい、営利・非営利の別は問わないとしています。

　また、個人情報取扱事業者の対象ですが、2003年に施行された、個人情報保護法の初版における、個人情報取扱事業者の定義には、**四　その取り扱う個人情報の量及び利用方法からみて個人の権利利益を害するおそれが少ないものとして政令で定める者**とされており、その政令である、個人情報保護法の施行令に、**取り扱う個人情報の合計が過去六月以内のいずれの日においても五千を超えない者を除く**と規定されていたため、個人情報保護法の初版では、個人情報の数が5,000件未満の事業者は対象外でしたが、個人情報保護法の1回目の改正（2015年9月公布、2017年5月施行）で、この**四　その取り扱う個人情報の量及び利用方法からみて個人の権利利益を害するおそれが少ないものとして政令で定める者**が削除されたため、引き続き現行版でも、取り扱う個人情報の数に関わらず、個人情報データベース等を事業の用に供している者であれば、個人情報取扱事業者に該当します。

個人情報取扱事業者

個人情報データベース等を事業の用に供している者

国の機関、地方公共団体、独立行政法人等、地方独立行政法人

個人情報取扱事業者

- 左記以外の個人情報データベース等を事業の用に供している者
- 法人格のない、権利能力のない社団 任意団体 又は個人であっても、個人情報データベース等を事業の用に供している場合は 個人情報取扱事業者に該当

以下が適用
- 個人情報の保護に関する法律
  - 第二章　国及び地方公共団体の責務等
  - 第三章　個人情報の保護に関する施策
- 行政機関の保有する個人情報の保護に関する法律
- 独立行政法人等の保有する個人情報の保護に関する法律

以下が適用
- 個人情報の保護に関する法律
  - 第四章　個人情報取扱事業者の義務等

3-6
匿名加工情報とは

匿名加工情報という言葉の定義について、個人情報保護法や関連するガイドラインなどで、それぞれどのように定めているかを解説します。

▶▶ 匿名加工情報とは

個人情報保護法の第2条11項の定義では、**匿名加工情報**とは、次の各号に掲げる個人情報の区分に応じて当該各号に定める措置を講じて特定の個人を識別することができないように**個人情報を加工して得られる個人に関する情報**であって、当該個人情報を復元することができないようにしたものをいうと定義しています。

①第一項第一号に該当する個人情報　当該個人情報に含まれる記述等の一部を削除すること（当該一部の記述等を復元することのできる規則性を有しない方法により他の記述等に置き換えることを含む）。

②第一項第二号に該当する個人情報　当該個人情報に含まれる個人識別符号の全部を削除すること（当該個人識別符号を復元することのできる規則性を有しない方法により他の記述等に置き換えることを含む）。

なお、上記の①は、**個人情報の一部を削除または他の記述等に置換えること**を指し、上記の②は、**個人識別符号の全部を削除または他の記述等に置き換えること**を指します。

▶▶ 匿名加工情報の作成の方法に関する基準

個人情報保護法の施行規則では、匿名加工情報の作成の方法の基準を以下のように定めています。

■ 特定の個人を識別できる記述の全部または一部を削除もしくは置換する事

- 個人識別符号の全部を削除もしくは置換する事
- 個人情報と他の情報とを連結する符号を削除もしくは置換する事
- 特異な記述等の削除する事
- 個人情報とデータベース内の他の個人情報との差異等の性質を勘案し、適切な措置を講ずる事

　個人情報保護法ガイドライン（匿名加工情報編）では、施行規則で規定された、匿名加工情報の作成の方法の基準の具体例をあげています。

　特定の個人を識別できる記述の削除もしくは置換に関する、想定される加工の事例としては、氏名、住所、生年月日が含まれる個人情報を加工する場合は、**氏名を削除する、住所を削除する（又は、○○県△△市に置き換える）、生年月日を削除する（又は、日を削除し、生年月に置き換える）**としています。

　また、**特異な記述等の削除**に関する、想定される加工の事例としては、事例1　**症例数の極めて少ない病歴を削除する**、事例2　**年齢が「116歳」という情報を「90歳以上」に置き換える**としています。

匿名加工情報の加工に係る手法例－個人情報保護法ガイドライン（匿名加工情報編）	
手法名	**該当するもの**
項目削除 レコード削除 セル削除	加工対象となる個人情報データベース等に含まれる個人情報の記述等を削除するもの。 年齢のデータを全ての個人情報から削除すること（項目削除） 特定の個人の情報を全て削除すること（レコード削除） 特定の個人の年齢のデータを削除すること（セル削除）
一般化	加工対象となる情報に含まれる記述等について、上位概念若しくは数値に置き換えること又は数値を四捨五入などして丸めることとするもの。例えば、購買履歴のデータで「きゅうり」を「野菜」に置き換えること。
トップ（ボトム）コーディング	加工対象となる個人情報データベース等に含まれる数値に対して、特に大きい又は小さい数値をまとめることとするもの。例えば、年齢に関するデータで、80歳以上の数値データを「80歳以上」というデータにまとめること。
ミクロアグリゲーション	加工対象となる個人情報データベース等を構成する個人情報をグループ化した後、グループの代表的な記述等に置き換えることとするもの。
データ交換（スワップ）	加工対象となる個人情報データベース等を構成する個人情報相互に含まれる記述等を（確率的に）入れ替えることとするもの。
ノイズ（誤差）付加	一定の分布に従った乱数的な数値を付加することにより、他の任意の数値へと置き換えることとするもの。
疑似データ生成	人工的な合成データを作成し、これを加工対象となる個人情報データベース等に含ませることとするもの。

3-7
仮名加工情報とは

　令和2年改正個人情報保護法にて新たに**仮名加工情報**という概念が導入されました。この**仮名加工情報**の定義について解説します。

▶▶ 仮名加工情報とは

　個人情報保護法の第2条9項の定義では、**仮名加工情報**とは、次の各号に掲げる個人情報の区分に応じて当該各号に定める措置を講じて他の情報と照合しない限り特定の個人を識別することができないように個人情報を加工して得られる個人に関する情報をいうと定義しています。

　　①第一項第一号に該当する個人情報　当該個人情報に含まれる記述等の一部
　　　を削除すること（当該一部の記述等を復元することのできる規則性を有し
　　　ない方法により他の記述等に置き換えることを含む）。
　　②第一項第二号に該当する個人情報　当該個人情報に含まれる個人識別符号
　　　の全部を削除すること（当該個人識別符号を復元することのできる規則性
　　　を有しない方法により他の記述等に置き換えることを含む）。

　なお、上記の①は、**個人情報の一部を削除または他の記述等に置換えること**を指し、上記の②は、**個人識別符号の全部を削除または他の記述等に置き換えること**を指しており、定義上の加工方法は、匿名加工情報と同じ記述になっていますが、匿名加工情報のように個人情報を復元できなくすることまでは求められていません。

▶▶ 仮名加工情報と匿名加工情報の違いとは

　仮名加工情報は、**個人情報と匿名加工情報**の中間的なものになり、大きな違いは、仮名加工情報は単体では個人の識別はできないが、他の情報と照合すると個人情報が復元可能になる点です。

　これにより、仮名加工情報を作成するメリットとしては次のようなものがあげられます。

- データとしての有用性が、加工前の個人情報と同等程度に保たれる
- 匿名加工情報と比較して、情報の加工処理が容易になる

　なお、仮名加工情報には、**個人情報である仮名加工情報**と**個人情報でない仮名加工情報**があると考えられます。加工を行う事業者にとっては、他の情報と照合することができるため**個人情報である仮名加工情報**になりますが、仮名加工情報部分だけを委託等で提供された場合、その情報は**個人情報でない仮名加工情報**に該当します。

▶▶ 仮名加工情報を使用する上でのポイント

　仮名加工情報は、以下のように、個人情報と比較して、情報の利用制限が緩和されます。

- 当初特定した利用目的を変更して利用することは、変更後の利用目的を公表する事により可能（本人の識別をしない、内部での分析・利用のみであることが条件）
- 漏洩等の報告は不要となる
- 開示・利用停止等の請求対応は不要となる

　また、匿名加工情報と比較すると、仮名加工情報は、データの提供に制限があり、以下のような対応が必要となります（詳しくは、8-1 第35条の2　仮名加工情報の作成等・第35条の3　仮名加工情報の第三者提供の制限等にて解説します）。

- 第三者への提供は不可（ただし、委託・事業承継・共同利用は可能）
- 漏洩等の防止のための安全管理措置を講じる
- 利用する必要がなくなった場合は遅滞なく消去する

3-7 仮名加工情報とは

　2020年12月現在、仮名加工情報は政令・ガイドラインが制定されておらず、個人情報保護委員会にて具体的な基準を検討している段階です。

　検討段階での加工方法としては、前述の①および②の方法に加え、**「仮名加工情報」単体では元の個人情報に復元できないようにする**ことや、**財産被害が生じる可能性がある記述の削除または置換**が予定されていますが、正式な加工基準や、安全管理措置に関する基準については、政令およびガイドラインの発行を待つこととなります。

仮名加工情報と匿名個人情報		
個人情報の種別	**匿名加工情報**	**仮名加工情報**
個人識別符号（例：マイナンバー・免許書番号・顔認証・指紋）	削除・置換	削除・置換
個人情報	削除・置換	削除・置換
個人の特定　情報単独	不可	不可
個人の特定　別情報との照合	不可	可能
個人の特定　特定可能な記述（例：身長 2.1m 以上・年齢 120 歳以上）	削除・置換	－
個人の特定　情報の性質による特定可能な記述（例：ある市町村で少ない苗字・氏名）	削除・置換	－
目的の公表	情報の公表	利用目的の公表
目的外での利用	可能	不可（※1）
第三者提供	可能	不可（※1 ※2）
安全管理措置	義務	義務

※1 法令に基づく場合は除く
※2 委託・事業承継・共同利用の場合は可能

個人情報保護法
個人情報取扱事業者の義務①
取得、利用に関する条項

　ここから、個人情報保護法の個人情報取扱事業者の義務に関して、今回の改正点も含め解説します。

　本章では、個人情報の取得と個人情報の利用に関する条項（第15条　利用目的の特定〜第18条　取得に際しての利用目的の通知等）を解説します。

第15条　利用目的の特定

第15条　利用目的の特定では、個人情報取扱事業者が、その事業活動で取り扱う個人情報の利用目的をできる限り特定することが求められています。

▶▶ 第15条　利用目的の特定

個人情報保護法の第15条では、個人情報取扱事業者が、個人情報を取り扱うに当たり、その利用目的をできる限り特定すること、また、その利用目的を変更する場合には、変更前の利用目的と関連すると合理的に認められる範囲に留めることが求められています。

なお、本条項は、今回の改正での変更はありません。

▶▶ 利用目的を特定する

個人情報取扱事業者が、その事業活動の中で取り扱う個人情報の利用目的を具体的に特定することは、取得したお客様や従業者などの個人情報を、目的外利用から保護し、適切に取り扱うために必要なことです。

また、利用目的の特定では、その個人情報が最終的に、どのような事業で、どのように利用されるのかを、本人が想定できるよう、具体的に特定することがポイントです。**個人情報の保護に関する法律についてのガイドライン（通則編）**では、利用目的の具体的な特定に関する事例を、以下のように紹介しています。

【具体的に利用目的を特定していない事例】

- ■「事業活動に用いるため」
- ■「マーケティング活動に用いるため」

【具体的に利用目的を特定している事例】

- ■ 事業者が商品の販売に伴い、個人から氏名・住所・メールアドレス等を取

得するに当たり、「○○事業における商品の発送、関連するアフターサービ
ス、新商品・サービスに関する情報のお知らせのために利用いたします。」
等の利用目的を明示している場合

　このように、利用目的を特定する際には、「お客様へのサービスの提供のため」
といった端的な表現ではなく、自分の個人情報がどのように取り扱われるかをイ
メージできるよう、具体的かつ、わかりやすい表現をすることが必要となります。
個人情報取扱事業者として、利用目的の特定を行う場合には、その個人情報が業
務の中でどのように使用されていくのか、業務プロセスとともに、個人情報の流れ
を整理しておくことが必要です。

第15条　利用目的の特定のポイント	
個人情報保護法の条項	第15条　利用目的の特定
主な内容	①個人情報取扱事業者は、個人情報を取り扱うに当たっては、その利用の目的（以下「利用目的」という。）をできる限り特定しなければならない。 ②個人情報取扱事業者は、利用目的を変更する場合には、変更前の利用目的と関連性を有すると合理的に認められる範囲を超えて行ってはならない。
利用目的の特定のポイント	【利用目的の特定】 ・利用目的を単に抽象的、一般的に特定するのではなく、個人情報が、最終的にどのような事業の用に供され、どのような目的で個人情報を利用されるのかが、本人にとって一般的かつ合理的に想定できる程度に具体的に特定することが望ましい。 ・あらかじめ、個人情報を第三者に提供することを想定している場合には、その旨が明確に分かるよう特定しなければならない。 【利用目的の変更】 ・特定した利用目的は、変更後の利用目的が変更前の利用目的からみて、社会通念上、本人が通常予期し得る限度と客観的に認められる範囲内で変更することは可能。 **「本人が通常予期し得る限度と客観的に認められる範囲」とは？** 本人の主観や事業者の恣意的な判断によるものではなく、一般人の判断において、当初の利用目的と変更後の利用目的を比較して予期できる範囲をいい、当初特定した利用目的とどの程度の関連性を有するかを総合的に勘案して判断される。

4-2
第16条　利用目的による制限

第16条　利用目的による制限では、あらかじめ本人の同意を得ないで、特定された利用目的の達成に必要な範囲を超えた利用を行わないよう求めています。

▶▶ 第16条　利用目的による制限

個人情報保護法の第16条では、個人情報取扱事業者が、あらかじめ本人の同意を得ないで、特定した利用目的の達成に必要な範囲を超えた利用を行わないことが規定されています。合併などの理由から取得した個人情報についても、あらかじめ本人の同意を得ないで、事業を承継する前に特定された個人情報の利用目的の達成の範囲を超えて利用することはできません。

なお、今回の改正では、**第16条の2（不適正な利用の禁止）**が追加され、個人情報取扱事業者は、違法又は不当な行為を助長し、又は誘発するおそれがある方法により個人情報を利用してはならないと規定されました。

▶▶ 利用目的に関する本人の同意

特定した利用目的の達成に必要な範囲を超えて、個人情報を取り扱う場合には、本人の同意を得ることが必要になります。**本人の同意**とは、本人の個人情報が、個人情報取扱事業者によって示された方法で取り扱われることを承諾する旨の、当該本人の意思表示を指します。本人の同意を得る方法には、以下のようなものがあります。

【本人の同意を得ている事例】
- 本人からの同意する旨の口頭による意思表示
- 本人からの同意する旨の書面（電磁的記録を含む。）の受領
- 本人からの同意する旨のメールの受信
- 本人による同意する旨の確認欄へのチェック

- 本人による同意する旨のホームページ上のボタンのクリック
- 本人による同意する旨の音声入力、タッチパネルへのタッチ、ボタンやスイッチ等による入力

▶▶ 本条文の規定が適用されない場合

個人情報保護法の第16条には、この条項が適用されない（本人の同意を得ることを必要としない）ケースとして、法令に基づく場合や、以下のような場合で、本人の同意を得ることが困難であるときや、本人の同意を得ることにより当該事務の遂行に支障を及ぼすおそれがあるときなどが規定されています。

- 人の生命、身体又は財産の保護のために必要がある場合
- 公衆衛生の向上又は児童の健全な育成の推進のために特に必要がある場合
- 国の機関若しくは地方公共団体又はその委託を受けた者が法令の定める事務を遂行することに対して協力する必要がある場合

第16条　利用目的による制限のポイント	
個人情報保護法の条項	第16条　利用目的による制限
主な内容	①個人情報取扱事業者は、あらかじめ本人の同意を得ないで、前条の規定により特定された利用目的の達成に必要な範囲を超えて、個人情報を取り扱ってはならない。 ②個人情報取扱事業者は、合併その他の事由により他の個人情報取扱事業者から事業を承継することに伴って個人情報を取得した場合は、あらかじめ本人の同意を得ないで、承継前における当該個人情報の利用目的の達成に必要な範囲を超えて、当該個人情報を取り扱ってはならない。
利用目的による制限のポイント	【本人の同意に関するポイント】 ・同意を得るために個人情報を利用すること（メールの送信や電話をかけること等）は、当初特定した利用目的として記載されていない場合でも、目的外利用には該当しない。 ・合併等の事由によって個人情報を取得した場合に、承継前に特定された利用目的の達成に必要な範囲で利用することは、目的外利用には当たらず、本人の同意を得る必要はない。
適用除外	次に掲げる場合については、適用されない。 ・法令に基づく場合 ・人の生命、身体又は財産の保護のために必要がある場合であって、本人の同意を得ることが困難であるとき。 ・公衆衛生の向上又は児童の健全な育成の推進のために特に必要がある場合であって、本人の同意を得ることが困難であるとき。 ・国の機関若しくは地方公共団体又はその委託を受けた者が法令の定める事務を遂行することに対して協力する必要がある場合であって、本人の同意を得ることにより当該事務の遂行に支障を及ぼすおそれがあるとき。

第4章　個人情報保護法　個人情報取扱事業者の義務① 取得、利用に関する条項

4-3

第17条　適正な取得

第17条　適正な取得では、不正な手段で個人情報を取得することや、本人の同意を得ないで要配慮個人情報を取得することを禁じています。

▶▶ 第17条　適正な取得

個人情報保護法の第17条では、個人情報取扱事業者は、偽りその他不正の手段により個人情報を取得してはならず、また、法で定める場合を除いては、あらかじめ本人の同意を得ないで、要配慮個人情報を取得してはならないと規定しています。

なお、本条項は、今回の改正での変更はありません。

▶▶ 不正の手段による取得とは

不正の手段による取得とは、どのようなことが該当するのでしょうか。**個人情報保護法ガイドライン（通則編）**では、個人情報取扱事業者が、不正の手段により個人情報を取得するケースについて、①十分な判断能力を有していない子供や障害者から、取得状況から考えて関係のない家族の収入事情などの家族の個人情報を、家族の同意なく取得する場合、②個人情報を取得する主体や利用目的等について、意図的に虚偽の情報を示して、本人から個人情報を取得する場合、③他の事業者に指示して不正の手段で個人情報を取得させ、当該他の事業者から個人情報を取得する場合、④不正の手段で個人情報が取得されたことを知り、又は容易に知ることができるにもかかわらず、当該個人情報を取得する場合のような例を挙げています。

▶▶ 要配慮個人情報の取得

要配慮個人情報は、①法令に基づく場合、②人の生命、身体又は財産の保護のために必要がある場合であって、本人の同意を得ることが困難であるとき、③公衆衛生の向上又は児童の健全な育成の推進のために特に必要がある場合であって、

本人の同意を得ることが困難であるとき、④国の機関若しくは地方公共団体又は
その委託を受けた者が法令の定める事務を遂行することに対して協力する必要が
ある場合であって、本人の同意を得ることにより当該事務の遂行に支障を及ぼす
おそれがあるとき、⑤当該要配慮個人情報が、本人、国の機関、地方公共団体、
第76条第1項各号に掲げる者その他個人情報保護委員会規則で定める者により公
開されている場合、⑥その他前各号に掲げる場合に準ずるものとして政令で定め
る場合を除いては、**必ず本人の同意を得て取得すること**が求められています。

　なお、企業が、労働安全衛生法に従って取得する健康診断結果などについては、
法令に基づく場合となるため、本人の同意は不要となりますが、新型ウイルス感
染に関する診断結果や、障害をもつ方を採用する場合の障害者手帳の情報などに
関しては、明確に本人の同意を得る手段を講じておく必要があると思われます。

要配慮個人情報の取得

本人

取得する要配慮個人情報の利用目的を
通知又は公表（第18条に基づく）

書面又は口頭による同意
（本人が要配慮個人情報を提出したことをもって、
同意があったと解される）

個人情報取扱事業者

本人の同意を要しない具体的な例（一部）

- 労働安全衛生法に基づき健康診断を実施し、これにより従業員の健康情報を取得する場合
- 急病その他の事態が生じたときに、本人の病歴等を医師などが家族や友人から聴取する場合
- 不正送金等の金融犯罪被害の事実に関する情報を、関連する犯罪被害の防止のために、他の事業者から取得する場合

4-4
第18条　取得に際しての利用目的の通知等

第18条　取得に際しての利用目的の通知等では、個人情報取扱事業者が本人に対して、個人情報の利用目的を通知又は公表することを求めています。

▶▶ 第18条　取得に際しての利用目的の通知等

個人情報保護法の第18条では、個人情報取扱事業者は、個人情報を取得した場合は、あらかじめその利用目的を公表している場合を除き、速やかにその利用目的を本人に通知又は公表しなければならないと規定しています。

また、契約書やその他の書面（電磁的記録を含む）に記載された個人情報を取得する場合はあらかじめその利用目的を明示しなければならないと規定しています。（ただし、人の生命、身体又は財産の保護のために緊急に必要がある場合はこの限りではありません。）

あわせて、利用目的を変更した場合は、変更された利用目的について、本人に通知又は公表することが求められます。

なお、本条項は、今回の改正での変更はありません。

▶▶ 利用目的の通知等

個人情報保護ガイドライン（通則編）では、原則として個人情報取扱事業者は、個人情報を取得する場合は、あらかじめその利用目的を公表していることが望ましいとしています。また、公表していない場合は、取得後速やかに、その利用目的を、本人に通知又は公表することが必要です。

なお、同ガイドラインでは、利用目的の明示に該当する事例として、以下をあげています。

- 利用目的を明記した契約書その他の書面を相手方である本人に手渡し、又は送付する場合

■ ネットワーク上において、利用目的を、本人がアクセスした自社のホームページ上に明示し、又は本人の端末装置上に表示する場合

▶▶ 直接書面等による取得

　一般的な事業活動において、契約書などの書面による個人情報の取得は必ず発生すると思われます。**個人情報保護法ガイドライン（通則編）** では、個人情報取扱事業者は、以下によって、直接本人から個人情報を取得する場合には、あらかじめ、本人に対し、その利用目的を明示しなければならないとしています。

■ 本人の個人情報が記載された申込書・契約書等を本人から直接取得する場合
■ アンケートに記載された個人情報を直接本人から取得する場合
■ 自社が主催するキャンペーンへの参加希望者が、参加申込みのために自社のホームページの入力画面に入力した個人情報を直接本人から取得する場合

▶▶ 通知や公表、明示の方法

　本人に通知 とは、本人に直接知らしめることをいいます。
　また、**公表** とは、広く一般に自己の意思を知らせること（不特定多数の人々が知ることができるように発表すること）をいいます。
　あわせて、**本人に対し、その利用目的を明示** とは、本人に対し、その利用目的を明確に示すことをいいます。
　いずれも、事業の性質や、個人情報の取扱状況に応じて、合理的かつ適切な方法によって実現することが必要です。

▶▶ 適用除外となるケース

　利用目的の本人への通知又は公表 は、次に該当する場合については、適用されません。

■ 利用目的を本人に通知し、又は公表することにより本人又は第三者の生命、身体、財産その他の権利利益を害するおそれがある場合
■ 利用目的を本人に通知し、又は公表することにより当該個人情報取扱事業

者の権利又は正当な利益を害するおそれがある場合

■ 国の機関又は地方公共団体が法令の定める事務を遂行することに対して協力する必要がある場合であって、利用目的を本人に通知し、又は公表することにより当該事務の遂行に支障を及ぼすおそれがあるとき。

■ 取得の状況からみて利用目的が明らかであると認められる場合

利用目的の本人への通知・公表・明示の例

本人への通知	公表	本人への明示
● ちらし等の文書を直接渡すことにより知らせること。 ● 口頭又は自動応答装置等で知らせること。 ● 電子メール、FAX 等により送信し、又は文書を郵便等で送付することにより知らせること。	● 自社のホームページのトップページから1回程度の操作で到達できる場所への掲載 ● 自社の店舗や事務所等、顧客が訪れることが想定される場所におけるポスター等の掲示、パンフレット等の備置き・配布 ● （通信販売の場合）通信販売用のパンフレット・カタログ等への掲載	● 利用目的を明記した契約書その他の書面を相手方である本人に手渡し、又は送付する場合 ● ネットワーク上において、利用目的を、本人がアクセスした自社のホームページ上に明示し、又は本人の端末装置上に表示する場合

個人情報保護法
個人情報取扱事業者の義務②
安全管理に関する条項

　この章では、個人情報取扱事業者が保有する個人データの安全管理に関する、正確性の確保、安全管理措置、従業者の監督、委託先の監督、漏えい等の報告の条項（第19条　データ内容の正確性の確保等〜第22条の二　漏えい等の報告等）について解説します。

5-1
第19条　データ内容の正確性の確保等

第19条　データ内容の正確性の確保等では、個人データの正確性や最新性の確保、時宜を得た個人データの削除が求められています。

▶▶ 第19条　データ内容の正確性の確保等

個人情報保護法の第19条では、個人情報取扱事業者が、利用目的の達成に必要な範囲内において、個人データを**正確かつ最新の内容に保つ**こと、利用する必要がなくなったときは、**遅滞なく個人データを消去する**ことが求められています。

なお、本条項は、その条文の性質から、努力義務となります。また、本条項は、今回の改正での変更はありません。

▶▶ 個人データの正確性や最新性の確保

個人情報取扱事業者が、その事業活動の中で取り扱う個人データの内容が誤っていたり、古い内容であったりすることによって、その個人データの本人に、不利益を与えることがあります（住所が更新されておらず、以前の住所に書類や商品などを発送してしまうなど）。そのようなことから、保有している個人データの正確性や最新性を確保することは重要なデータ管理のテーマとなります。

なお、**個人情報の保護に関する法律についてのガイドライン（通則編）**では、個人データの正確性や最新性を確保するための事例を、以下のように紹介しています。

- 個人情報の入力時の照合・確認の手続の整備
- 誤り等を発見した場合の訂正等の手続の整備
- 更新、保存期間の設定

▶▶ 時宜を得た個人データの削除

保有する個人データについて、以下の理由等で、当該個人データを利用する必要がなくなった時は、遅滞なく消去することが求められています。

- 利用目的が達成され当該目的との関係では当該個人データを保有する合理的な理由が存在しなくなった場合
- 利用目的が達成されなかったものの当該目的の前提となる事業自体が中止となった場合

なお、**個人情報の保護に関する法律についてのガイドライン（通則編）**では、個人データについて利用する必要がなくなったときに該当する事例を、「キャンペーンの懸賞品送付のため、当該キャンペーンの応募者の個人データを保有していたところ、懸賞品の発送が終わり、不着対応等のための合理的な期間が経過した場合」と紹介しています。

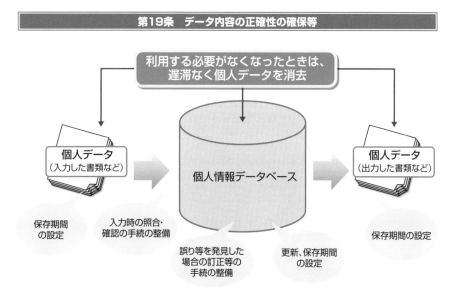

第19条　データ内容の正確性の確保等

利用する必要がなくなったときは、遅滞なく個人データを消去

個人データ（入力した書類など）

個人情報データベース

個人データ（出力した書類など）

保存期間の設定

入力時の照合・確認の手続の整備

誤り等を発見した場合の訂正等の手続の整備

更新、保存期間の設定

保存期間の設定

第5章　個人情報保護法　個人情報取扱事業者の義務②　安全管理に関する条項

5-2
第20条　安全管理措置①

　第20条　安全管理措置では、保有している個人データに対して、確実な情報セキュリティ対策を行うことが求められています。

▶▶ 第20条　安全管理措置

　個人情報保護法の第20条では、個人情報取扱事業者が、その取り扱う個人データの漏えい、滅失又は毀損の防止その他の個人データの安全管理のために必要かつ適切な措置を講じることが求められています。

　なお、本条項は、今回の改正で本質的な変更はありません。

▶▶ 安全管理措置の基本要件

　個人情報の保護に関する法律についてのガイドライン（通則編）では、個人データの安全管理措置は、以下を考慮して、必要かつ適切な内容であることを求めています。

- 個人データが漏えい等をした場合に本人が被る権利利益の侵害の大きさ
- 事業の規模及び性質
- 個人データの取扱状況（取り扱う個人データの性質及び量を含む）
- 個人データを記録した媒体の性質

　すなわち、各個人データのリスクに応じた、適切な措置を講じることが求められます。

▶▶ 個人データのリスクアセスメント

　個人データのリスクに応じた措置を講じるため、個人情報保護マネジメントシステムの要求事項である、JIS Q 15001:2017では、個人データのリスクアセス

メントとして、以下のステップを実施することが規定されています。

- 個人情報保護リスクを特定すること
- 個人情報保護リスクを分析すること
- 個人情報保護リスクを評価すること

　なお、**個人情報保護リスク**とは、JIS Q 15001:2017の用語の定義（3.43）では、「個人情報の取扱いの各局面（個人情報の取得・入力、移送・送信、利用・加工、保管・バックアップ、消去・廃棄に至る個人情報の取扱いの一連の流れ）における、個人情報の漏えい，滅失又はき損、関連する法令，国が定める指針その他の規範に対する違反、想定される経済的な不利益及び社会的な信用の失墜、本人の権利利益の侵害などの好ましくない影響」と定義されています。

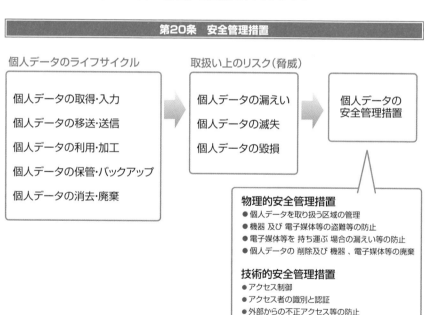

第20条　安全管理措置

個人データのライフサイクル
- 個人データの取得・入力
- 個人データの移送・送信
- 個人データの利用・加工
- 個人データの保管・バックアップ
- 個人データの消去・廃棄

取扱い上のリスク（脅威）
- 個人データの漏えい
- 個人データの滅失
- 個人データの毀損

個人データの安全管理措置

物理的安全管理措置
- 個人データを取り扱う区域の管理
- 機器 及び 電子媒体等の盗難等の防止
- 電子媒体等を 持ち運ぶ 場合の漏えい等の防止
- 個人データの 削除及び 機器 、電子媒体等の廃棄

技術的安全管理措置
- アクセス制御
- アクセス者の識別と認証
- 外部からの不正アクセス等の防止
- 情報システムの使用に伴う 漏えい等の防止

第5章　個人情報保護法　個人情報取扱事業者の義務②　安全管理に関する条項

5-3

第20条　安全管理措置②

リスクアセスメントを実施することによって、各個人データのリスクに応じた、適切な措置を講じることが可能となります。

▶▶ 個人データのリスクアセスメント

個人データのリスクアセスメントは、前述したように、リスクの特定、分析及び評価に基づき実施されます。また、リスクの特定では、自社で保有する個人データの特定と、そのリスクの特定が実施されます。

なお、個人データを特定する際は、個人情報の取り扱い業務を整理することから始めることが望ましいと思われます。

▶▶ 個人情報を取り扱う業務を整理する

個人情報取扱業務の整理とは、個人データごとに取得から入力・更新、移送、送信、利用・加工・複写、保管（一時、最終）、バックアップ、及び消去・廃棄までの、個人データのライフサイクルに応じた業務の一連の流れを整理することを指します。この整理を実施するメリットは、以下のとおりです。

- 個人データを漏れなく、網羅的に特定できる
- その後に実施するリスクアセスメントを効率的かつ効果的に実現できる

個人情報の取り扱い業務の整理		
個人情報取扱プロセス	実施部門	個人データ
お客様に申込用紙に記入頂いただく	―	―
各店舗にて内容を確認し、一時保管	各店舗	「申込用紙（原紙）」
申込用紙を本社センターへFAX	各店舗	「申込用紙（原紙）」
本社センターにて登録	本社センター	「お客様データベース」
月末に当月登録分を印刷	本社センター	「店舗別月次登録リスト」
メールにて各店舗へ当月登録分を送信	本社センター	「店舗別月次登録リスト」
店舗にて当月登録分を確認	各店舗	「店舗別月次登録リスト」
「店舗別月次登録リスト」をコピーし回覧	各店舗	「店舗別月次登録リスト」（コピー）
「店舗別月次登録リスト」（原紙）を保管	各店舗	「店舗別月次登録リスト」
「店舗別月次登録リスト」（コピー）を廃棄	各店舗	「店舗別月次登録リスト」（コピー）

▶▶ 業務の適正化も実現できる

　あわせて、この作業を通じて**業務の適正化**を実現することも可能です。例をあげると以下のような検討が可能になります。

- 本当にこのコピーは必要か？
- 本当にこの保管は必要か？
- 本当にこの回覧は必要か？

　すなわち、個人データの処理（特にコピーや回覧など）の中では、**昔からやっているから**など、旧来有効だった処理を現在では必要ないにもかかわらず実施しているケースがよく見られます。このような、現在は必要としない処理などを整理することが、この作業を通じて可能となります。不要なコピーや保管は、それだけでリスクを増大させることになります。

▶▶ 個人データのリスクを特定する

　特定した個人データの取得・入力、移送・送信、利用・加工，保管・バックアップ、

第5章　個人情報保護法　個人情報取扱事業者の義務②　安全管理に関する条項

消去・廃棄に至る一連の流れの各局面において、**適正な保護措置**を講じない場合に想定されるリスクを洗い出します。

　なお、個人データのリスクを特定するためには、そもそもどのような脅威があって、またどのようなぜい弱性があるのかを洗い出す必要があります。

　たとえば、**個人データの保管**に関する脅威であれば、**紛失や盗難**などがあげられます。また、メールやFax、郵送などの**個人データの移送**に関する脅威であれば、**誤送信や誤送付**などが考えられます。あわせて、**個人データの廃棄**に関する脅威では、**不適切な廃棄による流出や廃棄漏れ、期限を超えた廃棄忘れ**などが考えられます。

　ぜい弱性とは、脅威に対する保護措置のレベルを指し、**当該脅威に対する保護措置が講じられていない（ルールが決まっていないなども含む）**となれば、**ぜい弱性**は上がり、個人データに対するリスクを引き起こす可能性は高いと判断されます。

▶▶ リスクを分析する

　個人情報の取扱プロセスが整理され、個人データの特定、脅威の特定、ぜい弱性の特定が終了すると、次は、**リスクの大きさ（リスクレベル）**を明確にします。すなわち、リスク分析を行います。リスク分析には、リスクの特定で明確にした個人データに対する脅威、ぜい弱性に関する情報を体系的に使用します。

　したがって、リスク分析とは、**脅威の影響の大きさの評価、脅威の発生の可能性の評価、ぜい弱性のレベルの評価**を行い、**リスクの大きさ（リスクレベル）**を算出することを指します。

▶▶ 分析したリスクをもとにリスクを評価し、対策を検討する

　リスクを分析したら、**評価した個人データのリスクの大きさをもとに適正な保護措置を検討する**必要があります。その際に重要となるのがリスク分析の結果となるわけですが、リスク分析の結果、リスクレベルが高ければ高いほど、対策の優先順位が高いということになります。また、実際に対策を検討する場合には、自社の事業内容やその規模に応じ、経済的に実行可能な最良の技術を考慮することが必要です。

　なお、**個人情報の保護に関する法律についてのガイドライン（通則編）**の別添：

講ずべき安全管理措置の内容では、以下のような安全管理措置の対象と具体例を挙げています。

- 個人データを取り扱う区域の管理（物理的安全管理措置）
- 機器及び電子媒体等の盗難等の防止（物理的安全管理措置）
- 電子媒体等を持ち運ぶ場合の漏えい等の防止（物理的安全管理措置）
- 個人データの削除及び機器、電子媒体等の廃棄（物理的安全管理措置）
- アクセス制御（技術的安全管理措置）
- アクセス者の識別と認証（技術的安全管理措置）
- 外部からの不正アクセス等の防止（技術的安全管理措置）
- 情報システムの使用に伴う漏えい等の防止（技術的安全管理措置）

個人データのリスクアセスメント

個人情報取扱プロセス	個人データのライフサイクル						個人データに対する脅威	ぜい弱性	個人データのリスク
	取得	入力	更新	移送	保管	…			
お客様に申込用紙に記入頂いた申込用紙を本社センターでFAXにて入手	○					…			
本社センターにて登録		○					誤入力による登録データの完全性の欠落	作成時に特別な対策は実施していない	誤った情報の登録による誤ったサービスの提供、お客様からの苦情
月末に当月登録分を印刷									
「店舗別月次登録リスト」メールにて各店舗へ当月登録分を送信				○			メールの誤送信による個人情報の漏えい	送付時に特別な対策は実施していない	個人データの漏えいによるお客様からの苦情、賠償請求や自社の社会的信用失墜
「店舗別月次登録リスト」（原紙）を保管					○		保管場所からの盗難による個人情報の機流出	規定の鍵付きキャビネットで保管されている	個人データの漏えいによるお客様からの苦情、賠償請求や自社の社会的信用失墜

5-4

第21条　従業者の監督

第21条　従業者の監督では、適切な個人データの取り扱いに関して、従業者の適切な監督を行うことが求められています。

▶▶ 第21条　従業者の監督

個人情報保護法の第21条では、個人情報取扱事業者は、従業者に個人データを取り扱わせるに当り、取り扱う個人データの安全管理が図られるよう、従業者に対して必要かつ適切な監督を行うことを求めています。

なお、本条項は、今回の改正での変更はありません。

▶▶ 従業者とは

従業者とは、自社の組織内にあって、直接的、間接的に、事業者の指揮監督を受けて業務に従事している者等を指します。したがって、雇用関係にある従業員、正社員、契約社員、嘱託社員、パート社員、アルバイト社員等のみならず、取締役、執行役、理事、監査役、監事、派遣社員等も含まれます。

▶▶ 従業者の監督とは

従業者の監督とは、個人データを取り扱う従業者に対する**教育、研修等の内容及び頻度**を充実させること、また、その従業者に対し、**指示**、**監視**及び、**指導**することです。

つまり、従業者に対して適切な**指導**を行い、出した指示の内容に沿っているのかを**監視**し、**監視**した結果を基に、必要に応じて、**指導（命令）**することであるといえます。

また、個人データを取り扱う従業者に対する教育、研修等の内容、指示、監視及び指導の頻度や手段は、自社の個人データの取り扱いに関する業務の特性や、その個人データのリスクに応じて決定する必要があります。

あわせて、この監督は個人データの取り扱いプロセスが存在する限りは常に行い続ける必要があります。

なお、**個人情報の保護に関する法律についてのガイドライン（通則編）**では、従業者に対して必要かつ適切な監督を行っていない事例として、以下のような具体例を挙げています。

- 従業者が、個人データの安全管理措置を定める規程等に従って業務を行っていることを確認しなかった結果、個人データが漏えいした場合
- 内部規程等に違反して個人データが入ったノート型パソコン又は外部記録媒体が繰り返し持ち出されていたにもかかわらず、その行為を放置した結果、当該パソコン又は当該記録媒体が紛失し、個人データが漏えいした場合

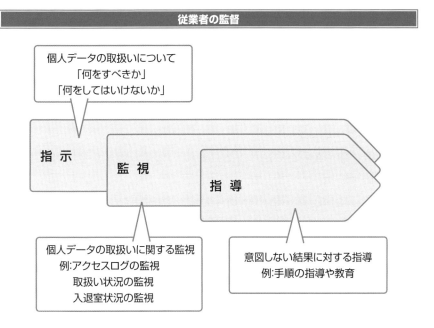

従業者の監督

個人データの取扱いについて
「何をすべきか」
「何をしてはいけないか」

指 示

監 視

指 導

個人データの取扱いに関する監視
例:アクセスログの監視
取扱い状況の監視
入退室状況の監視

意図しない結果に対する指導
例:手順の指導や教育

第5章 個人情報保護法 個人情報取扱事業者の義務② 安全管理に関する条項

5-5
第22条　委託先の監督①

　第22条　委託先の監督では、委託した個人データの安全管理を確実にするために、委託先に対して、適切な監督を行うことが求められています。

▶▶ 第22条　委託先の監督

　個人情報保護法の第22条では、個人情報取扱事業者は、個人データの取扱いを委託する場合は、その取扱いを委託された個人データの安全管理が図られるよう、委託先に対して必要かつ適切な監督を行うことを求めています。

　なお、本条項は、今回の改正での変更はありません。

▶▶ 委託先の監督とは

　個人データの取り扱いを委託する場合は、自社でその個人データの取り扱う際に講じられる、**安全管理措置**と同等以上のものを、その委託先に求めます。したがって、委託先の監督を含む、委託先の管理の範囲は、以下が含まれます。

- 委託先選定基準を確立し、十分な個人データの保護水準を満たしている者を選定すること
- 契約によって十分な個人データの保護水準を担保すること
- 委託先に対する必要、かつ、適切な監督を行うこと
- 当該契約書などの書面を個人データの保有期間にわたって保存すること

　なお、**個人情報の保護に関する法律についてのガイドライン（通則編）**では、委託先に対して必要かつ適切な監督を行っていない事例として、以下のものをあげています。

- 個人データの安全管理措置の状況を契約締結時及びそれ以後も適宜把握せず外部の事業者に委託した結果、委託先が個人データを漏えいした場合
- 個人データの取扱いに関して必要な安全管理措置の内容を委託先に指示しなかった結果、委託先が個人データを漏えいした場合
- 再委託の条件に関する指示を委託先に行わず、かつ委託先の個人データの取扱状況の確認を怠り、委託先が個人データの処理を再委託した結果、当該再委託先が個人データを漏えいした場合
- 契約の中に、委託元は委託先による再委託の実施状況を把握することが盛り込まれているにもかかわらず、委託先に対して再委託に関する報告を求めるなどの必要な措置を行わず、委託元の認知しない再委託が行われた結果、当該再委託先が個人データを漏えいした場合

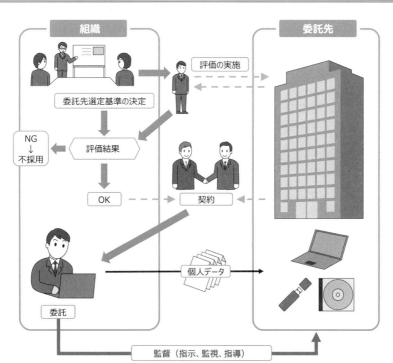

委託先の監督

5-6

第22条　委託先の監督②

委託した個人データの安全管理を確実にするために、委託先の選定、契約、及び委託先の監督を確実に実施するためのルールを確立することが必要です。

▶▶ 委託先の選定基準

委託先を選定する基準は、少なくとも当該業務に関して、自社と同等以上の個人情報保護水準を、客観的に確認できるものにする必要があります。

選定基準の具体例として、以下のような第三者認証制度の認証取得の有無のようなものが考えられます。

- プライバシーマーク
- ISO/IEC 27001（ISMS）（認証範囲に当該委託処理を行うプロセスが含まれていることが条件）
- ISO/IEC 27701（プライバシー保護マネジメントのISMSアドオン規格）（認証範囲に当該委託処理を行うプロセスが含まれていることが条件）

なお、第三者認証を取得している事業者でも、そのセキュリティ対策のレベルは様々です。そのため、委託先候補の業務状況を必要に応じて確認することも望ましいでしょう。このほか、当該業務を委託するに相応しい業務実績などを持っていること、安定した経営状態であることなども当然のことながら評価の対象となるでしょう。また、上記のような第三者認証制度の認証取得をしていない委託先に関しては、当該委託業務に関する個人情報の取り扱いにおける安全チェック項目を含んだ、チェックリストなどを作成して、評価するようなことも考えられます。

▶▶ 委託先に対する監督

委託先が十分な個人情報の保護水準であることを担保するために、以下のよう

な内容を契約に盛り込むことが望まれます。

- 委託者及び受託者の責任の明確化
- 個人データの安全管理に関する事項
- 再委託に関する事項
- 個人データの取扱状況に関する委託者への報告の内容及び頻度
- 契約内容が遵守されていることを委託者が、定期的に、及び適宜に確認できる事項
- 契約内容が遵守されなかった場合の措置
- 事件・事故が発生した場合の報告・連絡に関する事項
- 契約終了後の措置

　また、委託先との取り決め（契約内容）が遵守されるよう、委託先に対して必要な指示（依頼）、監視、指導を行うことになります。

委託先のチェックリスト		
評価ポイント	確認結果	
	結果	コメント
個人データの取り扱いに関するルールを規程に定め、業務に従事する従業者に周知しているか？		
取り扱う全ての個人データを管理台帳に登録し、必要な安全保護措置を定め、従業者に実施させているか？		
個人データを取り扱う部門毎に、個人データ管理台帳に基づき、定期的にその順守状況を点検しているか？		
当社が預託する個人データに関連する委託業務に従事する従業者は、限定されているか？また、変更がある場合は、事前に当社へ連絡する手順になっているか？		
当社が預託する個人データに関連する委託業務に従事する従業者に、個人情報保護を含む適切な情報セキュリティ教育を定期的に実施しているか？		
当社が預託する個人データに関連する委託業務に従事する従業者と適切な秘密保持契約を締結しているか？		
当社が預託する個人データに関連する委託業務を実施する作業エリアは、他の執務室などから隔離され、必要な物理的セキュリティ対策が講じられているか？		
当社が預託する個人データに関連する委託業務を実施する作業エリアに対する入退出の記録が維持され、また、それらの記録を定期的に検査しているか？		
⋮		
個人情報保護及び情報セキュリティに関連する違反者に対する罰則の手順を規程に定め、全ての従業者に周知しているか？		
業務で使用する情報システムの必要なログが取得され、定期的にログを検査しているか？		

5-7

第22条の二　漏えい等の報告等

第22条の二　漏えい等の報告等では、取り扱う個人データの漏えい、滅失、毀損などが発生した場合は、個人情報保護委員会に報告することが求められています。

▶▶ 第22条の二　漏えい等の報告等

個人情報保護法の第22条の二では、個人情報取扱事業者は、その取り扱う個人データの漏えい、滅失、毀損その他の個人データの安全の確保に係る事態が発生した場合は、当該事態が生じた旨を**個人情報保護委員会に報告を行う**ことを求めています（ただし、委託を受けている個人情報取扱事業者にて発生した場合で、当該事態が生じた旨を委託元の個人情報取扱事業者に通知した場合はこの限りではない）。

どのような事態の場合が報告の対象となるのかは、**個人情報保護委員会規則**に、個人の権利利益を害するおそれが大きいものとして定めるとされています。また、報告の方法も同様に、**個人情報保護委員会規則**で定めるとされています。

あわせて、個人情報取扱事業者は、本人に対し、個人情報保護委員会規則で定められる方法によって、当該事態が生じた旨を通知することを求めています。（ただし、本人への通知が困難な場合であって、本人の権利利益を保護するため必要なこれに代わるべき措置をとるときを除く）

なお、本条項は、今回の改正で新設されたものです。

▶▶ 本条項で求められる報告と通知の趣旨

個人情報保護委員会では、現在、個人情報保護委員会規則の改正を進めており、**第22条の二　漏えい等の報告等**で求められる**漏えい等の報告と本人への通知**の趣旨を、以下のように示しています。

- 漏えい等の報告の趣旨：委員会が事態を早急に把握し、必要な措置を講じることができるようにすること
- 本人への通知の趣旨：通知を受けた本人か漏えい等の事態を認識することで、その権利利益を保護するための措置を講じられるようにすること

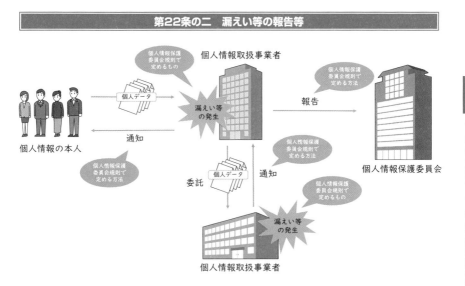

第22条の二　漏えい等の報告等

▶▶ 個人情報保護委員会での検討

　個人情報保護委員会では、本条項に関する、個人情報保護委員会規則の改正にあたり、以下の事項が検討されています。

- 漏えい等報告・本人通知の対象となる事態
- 報告の時間的制限・報告事項
- 本人通知の時間的制限・通知事項
- 委託先から委託元への通知方法

　なお、**漏えい等報告・本人通知の対象となる事態**については、単なる漏えいした数（漏えい等の事態の規模）だけを報告や通知の基準とするのではなく、以下のような要素も考慮する必要があるとしています。

- 個人データの性質
- 個人データの内容
- 漏えい等の態様

　個人データの性質については、機微性は様々であるが、特に要配慮個人情報は、その取扱いによっては差別や偏見を生じるおそれがあることから、漏えい等による個人の権利利益に対する影響が大きいのではないかとしています。

　次に、**個人データの内容**については、漏えい等によってクレジットカード番号等が不正利用される事案は、従前から大きな問題となっているため、クレジットカード番号やインターネットバンキングのID・パスワード等の漏えいのような、財産的被害が発生するおそれがある場合は、個人の権利利益に対する影響が大きいのではないかとしています。

　また、**漏えい等の態様**については、過失により生じたものと故意により生じたものでは、個人の権利利益に対する影響が異なり、不正アクセスや従業員による持ち出し等のような、故意によるものは、類型的に二次被害が発生するおそれが大きいのではないかとしています。

　最後に、**漏えい等の事態の規模**については、これらに該当しない事案であっても、一定数以上の大規模な漏えい等については、安全管理措置の観点から特に問題があると考えられるのではないかとしています。

個人情報保護法
個人情報取扱事業者の義務③
第三者提供に関する条文

この章では、個人情報の第三者提供に関する、第三者提供の制限、外国にある第三者への提供の制限、第三者提供に係る記録の作成、第三者提供を受ける際の確認、個人関連情報の第三者提供の制限の条項（第23条　第三者提供の制限〜第26条の二　個人関連情報の第三者提供の制限等）について解説します。

第23条　第三者提供の制限①

第23条　第三者提供の制限では、個人情報取扱事業者が個人データを第三者に提供する場合に本人の同意を得ることや、同意を得ない場合の本人への通知または容易に知り得る状態に置く必要のある事項、個人情報保護委員会への届け出などが求められています。

▶▶ 第23条　第三者提供の制限

　個人情報保護法の第23条では、個人情報取扱事業者は、同条項で規定されている場合（第23条の一から四項）を除いては、あらかじめ本人の同意を得ないで、個人データを第三者に提供してはならないと規定しています。

　ただし、本人の同意を得ない場合でも、本人の求めに応じて、個人データの第三者への提供を停止することを前提に、個人情報保護委員会規則の定めに従い、次の事項をあらかじめ本人に通知するか、本人が容易に知り得る状態に置くとともに、個人情報保護委員会に届け出た場合には、第三者に提供することができる（オプトアウトによる第三者提供）としています。

- 個人情報取扱事業者の氏名又は名称及び住所（法人の場合は、その代表者の氏名
- 第三者への提供を利用目的とすること
- 第三者に提供される個人データの項目
- 第三者に提供される個人データの取得の方法
- 第三者への提供の方法
- 本人の求めに応じて当該本人が識別される個人データの第三者への提供を停止すること
- 本人の求めを受け付ける方法
- その他個人の権利利益を保護するために必要なものとして個人情報保護委

員会規則で定める事項

　しかし、上記の条件を満たしていても、当該個人データが**要配慮個人情報**である場合や、**不正な手段により取得されたもの**の場合、若しくは**他の個人情報取扱事業者がオプトアウトによって提供した個人データ**である場合には、オプトアウトによる第三者提供をすることはできません。

▶▶ 今回の改正

　本条項は、今回の改正にて、以下の点が追加または強化されました。詳しくは、次の項で説明します。

- オプトアウトによる第三者提供をすることができないケース
- 本人に通知する事項の追加
- 本人に通知する事項の変更があった場合の措置
- 個人データを共同利用する場合の変更があった際の措置

第三者提供に該当する事例－個人情報保護法ガイドライン（通則編）

個人情報保護法ガイドライン
（通則編）

【第三者提供に該当する事例】
（※ただし、第23条5項の適用除外条件に該当する者は除く。）

- 親子兄弟会社、グループ会社の間で個人データを交換する場合
- フランチャイズ組織の本部と加盟店の間で個人データを交換する場合
- 同業者間で、特定の個人データを交換する場合

オプトアウトによる第三者提供の事例

- 住宅地図業者（表札や郵便受けを調べて住宅地図を作成・販売）やデータベース事業者（ダイレクトメール用の名簿等を作成・販売）が、あらかじめ法で定める事項を自社のホームページに常時掲載し、本人からの停止の求めを受け付けられる状態にし、個人情報保護委員会に必要な届出を行った上で、販売等を行う場合

6-2
第23条　第三者提供の制限②

　　第23条　第三者提供の制限の改正では、オプトアウトによる第三者提供をすることができないケース、本人に通知する事項の追加、本人に通知する事項の変更があった場合の措置、個人データを共同利用する場合の変更があった際の措置などが追加又は強化されました。

▶▶ 今回の改正点①オプトアウトによる第三者提供をすることができないケース

　　改正された**個人情報保護法の第23条**では、当該個人データが、①要配慮個人情報、②不正な手段で取得されたもの、③他の事業者がオプトアウトによって提供した個人データの場合は、オプトアウトによる第三者提供をすることはできないとしています。

▶▶ 今回の改正点②本人に通知する事項の追加

　　改正された**個人情報保護法の第23条**では、第三者提供を行う際の、本人に通知する事項に、①個人情報取扱事業者の住所、法人の場合は代表者の氏名、②第三者に提供される個人データの取得の方法、③その他個人の権利利益を保護するために必要なものとして個人情報保護委員会規則で定める事項、が追加されました。

▶▶ 今回の改正点③本人に通知する事項の変更があった場合の措置

　　改正された**個人情報保護法の第23条**では、第三者提供を行う際に、本人に通知する事項のうち、以下の変更があった場合は、改めてその内容を本人へ通知または容易に知り得る状態に置くこと、及び個人情報保護委員会への届け出を行うことが追加されました。

- 個人情報取扱事業者の氏名又は名称及び住所、法人の場合は代表者の氏名（すみやかに）
- オプトアウトによる個人データの提供をやめたとき（すみやかに）

■ 以下の情報について変更しようとするとき（あらかじめ）

- 第三者に提供される個人データの項目
- 第三者に提供される個人データの取得の方法
- 第三者への提供の方法
- 本人の求めを受け付ける方法
- その他個人の権利利益を保護するために必要なものとして個人情報保護委員会規則で定める事項

▶▶ 今回の改正点④個人データを共同利用する場合の変更があった際の措置

　改正された**個人情報保護法の第23条**では、個人データを共同利用する場合で、①責任を有する者の氏名又は名称及び住所、法人の場合は代表者の氏名、②共同利用する者の利用目的又は当該責任を有する者の変更があった場合は、その内容を本人へ通知または容易に知り得る状態に置くことが追加されました。

第三者提供に該当しない事例－個人情報保護法ガイドライン（通則編）

個人情報保護法ガイドライン
（通則編）

【第三者提供に該当しない事例】

委託による提供

- データの打ち込み等、情報処理を委託するために個人データを提供する場合
- 百貨店が注文を受けた商品の配送のために、宅配業者に個人データを提供する場合

事業の承継による提供

- 合併、分社化により、新会社に個人データを提供する場合
- 事業譲渡により、譲渡先企業に個人データを提供する場合

共同利用による提供

- グループ企業で総合的なサービスを提供するために取得時の利用目的の範囲内で情報を共同利用する場合
- 親子兄弟会社の間で取得時の利用目的の範囲内で個人データを共同利用する場合
- 使用者と労働組合又は労働者の過半数を代表する者との間で取得時の利用目的の範囲内で従業者の個人データを共同利用する場合

第6章　個人情報保護法　個人情報取扱事業者の義務③　第三者提供に関する条文

第24条　外国にある第三者への提供の制限①

第24条　外国にある第三者への提供の制限では、個人データを外国にある第三者に提供する場合、あらかじめ**外国にある第三者への個人データの提供を認める旨の本人の同意を得る**ことが求められています。

▶▶ 第24条　外国にある第三者への提供の制限

個人情報保護法の第24条では、個人情報取扱事業者は、個人データを外国にある第三者に提供する場合、次に掲げる場合を除いては、あらかじめ、**外国にある第三者への個人データの提供を認める旨の本人の同意を得る**ことが求められています。

- 法令に基づく場合
- 当該第三者が、我が国と同等の水準にあると認められる個人情報保護制度を有している国として個人情報の保護に関する法律施行規則で定める国にある場合
- 当該第三者が、個人情報取扱事業者が講ずべき措置に相当する措置を継続的に講ずるために必要な体制として規則で定める基準に適合する体制を整備している場合
- 法第23条第1項各号に該当する場合（本書の6-1参照）

また、個人情報取扱事業者は、本人の同意を得ようとする場合には、個人情報保護委員会規則で定めるところにより、本人に参考となるべき以下のような情報をあらかじめ提供しなければならないとしています。

- 当該外国における個人情報の保護に関する制度
- 当該第三者が講ずる個人情報の保護のための措置
- その他当該本人に参考となるべき情報

　同意を得ることを要しない条件のうち、個人情報保護の体制を整備している外国にある第三者に、個人データを提供した場合には、個人情報保護委員会規則で定めるところにより、その第三者による相当措置の継続的な実施を確保するために必要な措置を講じることや、本人の求めに応じて、その必要な措置に関する情報を、本人に提供しなければならないとしています。

▶▶ 今回の改正

　個人情報保護法の第24条は、今回の改正にて、以下の点が追加されました。詳しくは、次の項で説明します。

- 外国にある第三者への提供に関する事前の情報の提供
- 外国にある第三者への提供に関する必要な措置等

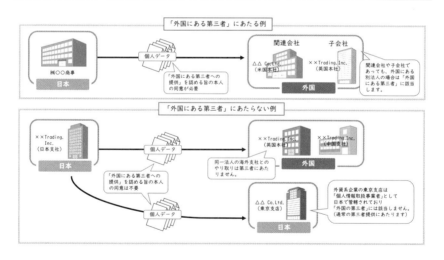

外国にある第三者の例－個人情報保護法ガイドライン（外国にある第三者への提供編）

第24条　外国にある第三者への提供の制限②

第24条　外国にある第三者提供への提供の制限の改正では、外国にある第三者への提供に関する事前の情報の提供、外国にある第三者への提供に関する必要な措置などが追加されました。

▶▶ 今回の改正点①外国にある第三者への提供に関する事前の情報の提供

改正された**個人情報保護法の第24条**では、個人情報取扱事業者は、本人の同意を得ようとする場合には、本人にとって参考となる以下のような情報をあらかじめ提供することが追加されました。

- 当該外国における個人情報の保護に関する制度
- 当該第三者が講ずる個人情報の保護のための措置
- その他当該本人に参考となるべき情報

▶▶ 今回の改正点②外国にある第三者への提供に関する必要な措置等

改正された**個人情報保護法の第24条**では、個人情報取扱事業者は、個人データを外国にある第三者（個人情報保護法の第24条の第一項に規定する体制を整備している者に限る。）に提供した場合には、その第三者が個人情報の保護措置を継続的に実施するよう、必要な措置を講ずるとともに、本人の求めに応じて、当該必要な措置に関する情報を本人に提供することが追加されました。

▶▶ 外国にある第三者の例

個人情報保護法ガイドライン（外国にある第三者への提供編）では、外国にある第三者の**第三者**とは、個人データを提供する個人情報取扱事業者と当該個人データによって識別される本人以外の者であり、外国政府などもこれに含まれると説明しています。具体的な判断方法としては、法人の場合、**個人データを提供する**

個人情報取扱事業者と別の法人格を有するかどうかで第三者に該当するかを判断することとなります。例えば、日本企業が、外国にある現地子会社（その外国の法人格を有する）に個人データを提供する場合には、当該日本企業にとって、**外国にある第三者**への個人データの提供に該当しますが、同一法人格内での、現地の事業所、支店などにおける個人データの移動の場合には、**外国にある第三者**への個人データの提供には該当しません。

　また、**個人情報保護法ガイドライン（外国にある第三者への提供編）**では、個人の権利利益を保護する上で我が国と同等の水準にあると認められる個人情報の保護に関する制度を有している外国は、EUが該当する、と規定しています。

　具体的には、**個人の権利利益を保護する上で我が国と同等の水準にあると認められる個人情報の保護に関する制度を有している外国等（平成31年個人情報保護委員会告示第1号）**に記載されている国々を指します。この指定は、日本とEU間で相互の円滑な個人データ移転を図るために、**欧州委員会による日本への十分性認定**（GDPR第45条に基づき、欧州委員会が、国又は地域等を個人データについて十分な保護水準を確保していると認める決定）に併せて、相互に認定される形となりました。

第24条に関連する施行規則とガイドライン

個人情報取扱事業者が講ずべき措置に相当する措置を継続的に講ずるために必要な体制の基準

個人情報の保護に関する法律 施行規則の第11条	個人情報保護法ガイドライン（外国の第三者への提供編）
● 個人情報取扱事業者と個人データの提供を受ける者との間で、当該提供を受ける者における当該個人データの取扱いについて、適切かつ合理的な方法により、法第4章第1節（個人情報取扱事業者等の義務）の規定の趣旨に沿った措置の実施が確保されていること。	● 個人情報取扱事業者と個人データの提供元及び提供先間の契約、確認書、覚書等により、当該外国にある第三者において個人情報の保護措置が確保されていることを担保し、同一の企業グループ内で個人データを移転する場合には、提供元及び提供先に共通して適用される内規、プライバシーポリシー等で担保する
● 個人データの提供を受ける者が、個人情報の取扱いに係る国際的な枠組みに基づく認定を受けていること。	● 「個人情報の取扱いに係る国際的な枠組みに基づく認定」とは、国際機関等において合意された規律に基づき権限のある認証機関等が認定するものをいい、これには、提供先の外国にある第三者が、APECのCBPR（Cross Border Privacy Rules:越境プライバシールール）システムの認証を取得していることが該当する

第6章 個人情報保護法 個人情報取扱事業者の義務③ 第三者提供に関する条文

第25条　第三者提供に係る記録の作成等では、当該個人データを提供した年月日、当該第三者の氏名又は名称などの記録を作成することが求められています。

▶▶ 第25条　第三者提供に係る記録の作成等

個人情報保護法の第25条では、個人情報取扱事業者は、第23条・24条の規定に従って個人データを第三者に提供する場合には、当該個人データを提供した年月日、当該第三者の氏名又は名称などの、個人情報保護委員会規則で定める事項に関する記録を作成することを求めています。また、その記録を個人情報保護委員会で定めた期間、保管することも求めています。

なお、本条項は、今回の改正での変更はありません。

▶▶ 第三者提供に係る記録が必要な場合

個人情報保護法ガイドライン（確認記録義務編）では、第23条1項で除外条件とされている場合や、第三者提供にあたらない**委託、事業承継、共同利用の場合**などは、記録義務は適用されないとしています。

記録義務が適用されるのは、以下のような場合です。

- 本人の同意を得て、個人データの第三者提供を行った場合
- オプトアウトにより、個人データの第三者提供を行った場合
- 本人の同意を得て、外国にある第三者に、個人データの第三者提供を行った場合
- 我が国と同等の水準にあると認められる個人情報保護制度を有している国として、個人情報保護委員会が定めた国に所在する第三者に、個人データの提供を行った場合（オプトアウトによる外国の第三者への提供）（注：当該外国にある第三者が、個人情報取扱事業者が講ずべき措置に相当する措

置を継続的に講ずるために必要な体制として規則で定める基準に適合する体制を整備している場合は、記録は不要）

▶▶ 記録すべき事項

個人情報取扱事業者が、オプトアウトによる個人データの第三者提供を行う場合は、**施行規則第13条 第1項**に従い、①当該個人データを提供した年月日、②当該第三者の氏名又は名称その他の当該第三者を特定するに足りる事項（不特定かつ多数の者に対して提供したときは、その旨）、③当該個人データによって識別される本人の氏名その他の当該本人を特定するに足りる事項、④当該個人データの項目、を記録する必要があります。

また、**本人の同意を得て第三者提供を行う場合**は、①法第23条 第1項又は法第24条に従い、本人の同意を得ている旨、②当該第三者の氏名又は名称その他の当該第三者を特定するに足りる事項（不特定かつ多数の者に対して提供したときは、その旨）、③当該個人データによって識別される本人の氏名その他の当該本人を特定するに足りる事項、④当該個人データの項目、を記録しなければならないとされています。

提供者の記録事項と保存期間				
	提供年月日	第三者の氏名等	本人の氏名等	個人データの項目	本人の同意
オプトアウトによる第三者提供	○	○	○	○	
本人の同意による第三者提供		○	○	○	○
記録の保存期間	1. 本人に対する物品又は役務の提供に関連して個人データの提供を受けた場合で、当該提供に関して作成された契約書やその他の書面により記録を作成した場合：最後に当該記録に係る個人データの提供を受けた日から起算して1年を経過する日までの間 2. 第三者から継続的に若しくは反復して個人データの提供を受けたとき、又は当該第三者から継続的に若しくは反復して個人データの提供を受けることが確実であると見込まれるときの記録を、一括して作成した場合：最後に当該記録に係る個人データの提供を受けた日から起算して3年を経過する日までの間 3. 上記以外の場合：3年				

第26条　第三者提供を受ける際の確認等

第26条　第三者提供を受ける際の確認等では、個人データの提供を受ける際に、当該第三者の情報や、当該個人データの取得方法などを確認し、その結果を含めた記録を作成することが求められています。

▶▶ 第26条　第三者提供を受ける際の確認等

個人情報保護法の第26条では、個人情報取扱事業者は、第三者から個人データの提供を受ける際には、個人情報保護委員会規則で定めるところにより、次に掲げる事項の確認を行うことを求めています。

- 当該第三者の氏名又は名称及び住所並びに法人にあっては、その代表者の氏名
- 当該第三者による当該個人データの取得の経緯

この確認において、提供する側である第三者は、当該確認に係る事項を偽ってはなりません。また、個人情報取扱事業者は、上記の確認を行ったときは、個人情報保護委員会規則で定めるところにより、当該個人データの提供を受けた年月日や、当該確認に係る事項、その他の個人情報保護委員会規則で定める事項についての記録を作成し、個人情報保護委員会規則で定める期間保存する必要があります。

なお、本条項は、今回の改正で本質的な変更はありません。

▶▶ 第三者提供を受ける際の確認の方法

個人情報保護法ガイドライン（確認記録義務編）では、第三者に関する情報の確認方法として、次のような事例を挙げています。

- 第三者からの申告
- 登記情報や法人番号等による確認
- 当該第三者のホームページなどによる確認

　また、個人データの取得の経緯については、個人データを提供する第三者から、当該個人データの取得の経緯を示す契約書その他の書面の提示を受ける方法や、その他の適切な方法により確認することが求められます。

　なお、あくまで、個人データを提供した**第三者**による取得の経緯を確認すれば足り、それ以前に取得した者の経緯を確認する義務はありません。

▶▶ 記録すべき事項

　個人情報の保護に関する法律の施行規則　第17条 第1項には、以下の場合に、個人情報取扱事業者が記録しなければならない項目が示されています。

- オプトアウトによる個人データの第三者提供を行う場合
- 本人の同意を得て第三者提供を行う場合

記録すべき事項－個人情報の保護に関する法律の施行規則

個人情報の保護に関する
法律の施行規則
第17条 第1項

記録すべき事項

オプトアウトによる個人データの第三者提供を行う場合
- 親子兄弟会社、グループ会社の間で個人データを交換する個人データの提供を受けた年月日
- 第三者の氏名又は名称、住所、代表者氏名
- 当該個人データの取得の経緯
- 当該個人データによって識別される本人の氏名その他の当該本人を特定するに足りる事項
- 当該個人データの項目
- 個人情報保護委員会により公表されている旨

本人の同意を得て第三者提供を行う場合
- 法第23条 第1項又は法第24条に従い、本人の同意を得ている旨
- 第三者の氏名又は名称、住所、代表者氏名
- 当該個人データの取得の経緯
- 当該個人データによって識別される本人の氏名その他の当該本人を特定するに足りる事項
- 当該個人データの項目

第26条の二　個人関連情報の第三者提供の制限等

第26条の二　個人関連情報の第三者提供の制限等では、**個人関連情報**という新たな定義を設け、その情報を取り扱う**個人関連情報取扱事業者**が守るべき事項を規定しています。

▶▶ 第26条の二　個人関連情報の第三者提供の制限等

個人情報保護法の第26条の二では、個人関連情報取扱事業者は、第三者が個人関連情報を個人データとして取得することが想定されるときは、**第23条第1項各号**に掲げる場合を除くほか、次に掲げる事項について、あらかじめ個人情報保護委員会規則で定める確認を行わないで、当該個人関連情報を当該第三者に提供してはならないとしています。

- 当該第三者が、個人関連情報取扱事業者から個人関連情報の提供を受けて、本人が識別される個人データとして取得することを認める旨の、当該本人の同意が得られていること
- 外国にある第三者への提供にあっては、前号の本人の同意を得ようとする場合において、個人情報保護委員会規則で定めるところにより、あらかじめ、当該外国における個人情報の保護に関する制度、当該第三者が講ずる個人情報の保護のための措置、その他当該本人に参考となるべき情報が当該本人に提供されていること

また、外国にある第三者に提供する場合のうち、個人情報取扱事業者が講ずべきこととされている措置に相当する措置を講じる第三者である場合には、その措置の継続的な実施を確保するための措置を講じることや、本人の求めに応じて当該必要な措置に関する情報を本人に提供すること、また、**第26条2項から4項**の規定にあるような、確認及び記録の義務も求められます。

　なお、本条項は、大手就職情報サイトの問題のように、提供する側では個人情報を特定できないよう加工された情報が、**DMP（Data Management Platform）**によって、個人に関連する情報を解析することで、提供される側では特定の個人を識別できるという問題への対策として、今回の改正で新設されました。

第26条の二　個人関連情報の第三者提供の制限等

新設された背景
● 提供する側では個人情報を特定できないよう加工された情報が、DMP（Data Management Platform）によって、個人に関連する情報を解析することで、提供される側では特定の個人を識別できるという問題への対策

個人情報保護法の第26条の二　個人関連情報の第三者提供の制限等

個人関連情報取扱事業者は、第三者が個人関連情報を個人データとして取得することが想定されるときは、第23条第1項各号に掲げる場合を除くほか、第26条の二の一及び二に掲げる事項について、あらかじめ個人情報保護委員会規則で定める確認を行わないで、当該個人関連情報を当該第三者に提供してはならない

個人関連情報を提供する側

提供先の第三者に対して、以下を確認し、その確認結果や提供年月日などを記録し、保管する

● 個人関連情報の提供を受けて本人が識別される個人データとして取得することを認める旨の同意を得ていること

● 提供先の第三者が外国にある第三者である場合には、本人に対しての情報提供義務を果たしていること

個人関連情報の提供を受ける側

本人に対して、個人関連情報の提供を受け、本人が識別される個人データとして取得することを認める旨の同意を得る

▶▶ 個人関連情報とは

　個人情報保護法の第26条の二では、個人関連情報と、それに関連する用語を以下のように定義しています。

　①個人関連情報：

　　生存する個人に関する情報であって、**個人情報、仮名加工情報及び匿名加工情報**のいずれにも該当しないもの

②個人関連情報データベース：

個人関連情報を含む情報の集合物であって、特定の個人関連情報を、電子
計算機を用いて検索することができるように体系的に構成したもの、その
他特定の個人関連情報を容易に検索することができるように体系的に構成
したものとして政令で定めるもの

③個人関連情報取扱事業者：

個人関連情報データベースを事業の用に供している者

▶▶ 提供者及び提供を受ける者が実施すべきこと

個人関連情報を提供する側は、提供先の第三者に対して、以下を確認し、その
確認結果や提供年月日などを記録し、保管することが必要になります。

- 個人関連情報の提供を受けて本人が識別される個人データとして取得する
  ことを認める旨の同意を得ていること
- 提供先の第三者が外国にある第三者である場合には、本人に対しての情報
  提供義務を果たしていること

また、提供を受ける側としては、本人に対して、個人関連情報の提供を受け、
本人が識別される個人データとして取得することを認める旨の同意を得ておくこ
とが必要となります。

個人情報保護法
個人情報取扱事業者の義務④
本人の権利に関する条文

　この章では、個人情報の本人の権利に関する、保有個人デー
タに関する事項の公表、開示、訂正、利用停止、理由の説明、
開示等の請求等に応じる手続、手数料、事前の請求、苦情の
処理の条項（第27条　保有個人データに関する事項の公表
等〜第35条　個人情報取扱事業者による苦情の処理）につ
いて解説します。

7-1
第27条　保有個人データに関する事項の公表等

第27条　保有個人データに関する事項の公表等では、保有個人データに関して、本人の知り得る状態にすべき事項を規定しています。

▶▶ 第27条　保有個人データに関する事項の公表等

個人情報保護法の第27条では、個人情報取扱事業者は、保有個人データに関し、次の事項を、本人の知り得る状態に置くことを求めています（本人の求めに応じて遅滞なく回答する場合を含む）。

- 当該個人情報取扱事業者の氏名又は名称及び住所並びに法人にあっては、その代表者の氏名
- 全ての保有個人データの利用目的（第18条第4項の適用除外条件に該当する場合を除く。）
- 利用目的の通知、開示、訂正等、利用停止等、違法な提供の停止、および利用の必要がなくなった場合や、正当な利益が害されるおそれのある場合の利用や提供の停止に関する請求に応じる手続（第33条第2項の規定により手数料の額を定めたときは、その手数料の額を含む。）
- 前三号に掲げるもののほか、保有個人データの適正な取扱いの確保に関し必要な事項として政令で定めるもの

また、本人から、当該本人が識別される保有個人データの利用目的の通知を求められたときは、本人に対し、遅滞なく、これを通知することを求めています。（前項の規定により当該本人が識別される保有個人データの利用目的が明らかな場合や、第18条第4項の適用除外条件に該当する場合を除く）。

上記の規定に基づき、請求を受けた保有個人データの利用目的を通知しない旨の決定をしたときは、本人に対し、遅滞なく、その旨を通知することが必要です。

なお、今回の改正で、本人の知り得る状態におくこととされている項目として、当該個人情報取扱事業者の住所と、法人の場合の代表者の氏名が追加されました。

本人の知り得る状態に置くべき項目

個人情報保護法ガイドライン（通則編）では、本人の知り得る状態に置くべき項目を、わかりやすく整理しています。

- 個人情報取扱事業者の氏名又は名称
- 全ての保有個人データの利用目的（ただし、第18条第4項第1号から第3号までに該当する場合を除く。）
- 保有個人データの利用目的の通知の求め又は開示等の請求
- 保有個人データの取扱いに関する苦情の申出先

なお、本人の知り得る状態とは、ホームページへの掲載、パンフレットの配布、本人の求めに応じて遅滞なく回答を行うこと等、本人が知ろうとすれば、知ることができる状態に置くことなどをいい、事業の性質や個人情報の取扱い状況に応じた適切な方法で実施することが必要になります。

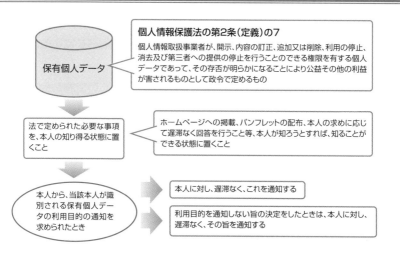

第27条　保有個人データに関する事項の公表等

7-2

第28条　開示、第29条　訂正等

第28条　開示では、個人情報取扱事業者が、本人からの保有個人データの開示の求めに応じて対応すべき事項を規定しており、第29条　訂正等では、本人からの保有個人データの訂正等の求めに応じて対応すべき事項を規定しています。

▶▶ 第28条　開示

個人情報保護法の第28条では、本人が個人情報取扱事業者に対して、当該本人が識別される保有個人データの開示（電磁的記録の提供による方法その他の個人情報保護委員会規則で定める方法による開示）を請求することができるとしています。

また、開示の請求を受けた個人情報取扱事業者は、当該本人が請求した方法（当該方法による開示に多額の費用を要する場合その他の当該方法による開示が困難である場合にあっては、書面の交付による方法）により、遅滞なく、当該保有個人データを開示することを求めています。ただし、開示することにより次のいずれかに該当する場合は、その全部又は一部を開示しないことができるとしています。

- 本人又は第三者の生命、身体、財産その他の権利利益を害するおそれがある場合
- 当該個人情報取扱事業者の業務の適正な実施に著しい支障を及ぼすおそれがある場合
- 他の法令に違反することとなる場合

上記の規定によって、保有個人データの全部若しくは一部について開示しない旨の決定をしたときや、当該保有個人データが存在しないとき、又は本人が請求した方法による開示が困難であるときは、個人情報取扱事業者は、本人に対し、遅滞なく、その旨を通知することを求めています。

なお、本条項は、元々は書面による開示が原則だったところを、今回の改正で、**電磁的記録の提供による方法、その他の個人情報保護委員会規則で定める方法**のように、開示方法の請求の幅が広がり，個人情報取扱事業者にも、原則として本人の請求した方法で開示をするよう改正されました。

また、開示の対象として、第三者提供に関する記録も追加されました（第28条の5項）。

保有個人データの開示		
	改正前	改正後
本人の保有個人データに関する権利	開示を請求できる	電磁的記録の提供による方法その他の個人情報保護委員会規則で定める方法による開示を請求できる
個人情報取扱事業者の義務	本人に対し、政令で定める方法（書面の交付）により、遅滞なく、当該保有個人データを開示しなければならない（※例外条件あり）	本人が請求した方法（その方法が多額の費用を要する場合や、その方法による開示が困難である場合は、書面の交付による方法）により、遅滞なく、当該保有個人データを開示しなければならない。（※例外条件あり）
開示をしない場合の対応	以下の場合は、本人に対し、遅滞なく、その旨を通知する ・保有個人データの全部又は一部について開示しない旨の決定をしたとき ・当該保有個人データが存在しないとき	以下の場合は、本人に対し、遅滞なく、その旨を通知する ・保有個人データの全部又は一部について開示しない旨の決定をしたとき ・当該保有個人データが存在しないとき ・本人が請求した方法による開示が困難であるとき
第三者提供の記録の開示	－	第三者提供をした際の記録や、第三者提供を受けた際の記録も開示対象となる

▶▶ 第三者提供の記録を開示する

第28条の5項が追加されたことにより、第25条（第三者提供に係る記録の作成等）に従って作成された記録や、第26条（第三者提供を受ける際の確認等）に従って確認・作成された記録も、本人から開示の請求を受ける可能性が出てきました。

なお、第三者提供記録の開示に関する、具体的な対応例などについては、**個人情報保護法ガイドライン**の改正が待たれますが、個人情報取扱事業者としては、自社内にどのような保有個人データがあり、そのうち第三者提供をした／受けたものがあるのかどうか、また、本人から開示の請求があった場合にその記録をどのように開示するかについて、整理しておく必要があります。

▶▶ 開示しないことができる場合

　個人情報保護法ガイドライン（通則編）では、開示しないことができる場合の事例を以下のように解説しています。

- 本人又は第三者の生命、身体、財産その他の権利利益を害するおそれがある場合（第28条の一）
  - 医療機関等において、病名等を患者に開示することにより、患者本人の心身状況を悪化させるおそれがある場合
- 個人情報取扱事業者の業務の適正な実施に著しい支障を及ぼすおそれがある場合（第28条の二）
  - 試験実施機関において、採点情報の全てを開示することにより、試験制度の維持に著しい支障を及ぼすおそれがある場合
  - 同一の本人から複雑な対応を要する同一内容について繰り返し開示の請求があり、事実上問合せ窓口が占有されることによって他の問合せ対応業務が立ち行かなくなる等、業務上著しい支障を及ぼすおそれがある場合
- 他の法令に違反することとなる場合（第28条の三）
  - 刑法（明治40年法律第45号）第134条（秘密漏示罪）や電気通信事業法（昭和59年法律第86号）第4条（通信の秘密の保護）に違反することとなる場合

▶▶ 第29条 訂正等

　個人情報保護法の第29条では、当該本人が識別される保有個人データの内容が事実でないときは、本人が個人情報取扱事業者に対して、当該保有個人データの内容の訂正、追加又は削除を請求することができるとしています。

　また、訂正等の請求を受けた個人情報取扱事業者は、その内容の訂正等に関して、他の法令の規定により特別の手続が定められている場合を除き、利用目的の達成に必要な範囲内において、遅滞なく必要な調査を行い、その結果に基づき、当該保有個人データの内容の訂正等を行うことを求めています。

　この訂正等の請求に関して、個人情報取扱事業者は、保有個人データの内容の

全部若しくは一部について訂正等を行ったとき、又は訂正等を行わない旨の決定をしたときは、本人に対し、遅滞なく、その旨（訂正等を行ったときは、その内容を含む。）を通知することを求めています。

　なお、本条項は、今回の改正での変更はありません。

▶▶ 訂正等に関する補足

　個人情報保護法ガイドライン（通則編）では、訂正等には、保有個人データの内容の**訂正**、**追加**又は**削除**が含まれるとし、**削除**とは、不要な情報を除くことをいうとしています。

　また、以下の場合は、訂正等を行う必要はないが、その場合には、遅滞なく、訂正等を行わない旨を本人に通知しなければならないとしています。

- 利用目的からみて訂正等が必要ではない場合
- 保有個人データが誤りである旨の指摘が正しくない場合

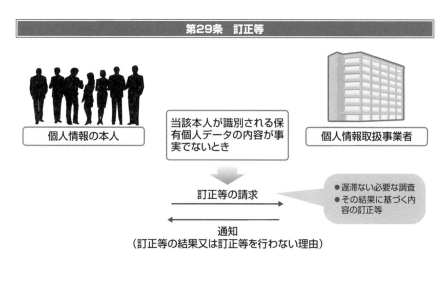

第29条　訂正等

個人情報の本人

当該本人が識別される保有個人データの内容が事実でないとき

個人情報取扱事業者

訂正等の請求

●遅滞ない必要な調査
●その結果に基づく内容の訂正等

通知
（訂正等の結果又は訂正等を行わない理由）

第30条　利用停止等

第30条　利用停止等では、本人からの保有個人データの利用停止等の求めに応じて対応すべき事項を規定しています。

▶▶ 第30条　利用停止等

　個人情報保護法の第30条では、当該本人が識別される保有個人データが第16条若しくは第16条の2の規定に違反して取り扱われているとき、又は第17条の規定に違反して取得されたものであるときは、当該保有個人データの利用の停止又は消去を請求することができるとしています。また、同様に、第23条第1項又は第24条の規定に違反して第三者に提供されているときは、当該保有個人データの第三者への提供の停止を請求することができるとしています。

　個人情報取扱事業者は、上記の請求を受けた場合、その請求に理由があることが判明したときは、違反を是正するために必要な限度で、遅滞なく、当該保有個人データの利用停止等又は第三者への提供の停止を行うことを求めています。ただし、当該保有個人データの利用停止等又は第三者への提供の停止に、多額の費用を要する場合や、その他の利用停止等を行うことが困難な場合であって、本人の権利利益を保護するため必要なこれに代わるべき措置をとるときは、この限りではないとしています。

　また、これ以外にも、当該本人が識別される保有個人データを利用する必要がなくなった場合や、第22条の2第1項本文に規定する事態が生じた場合、その他当該本人の権利又は正当な利益が害されるおそれがある場合においても、本人は個人情報取扱事業者に対して、利用停止等又は第三者への提供の停止を請求することができるとしています。

　個人情報取扱事業者は、上記により、利用停止等を行ったとき若しくは利用停止等を行わない旨の決定をしたとき、又は第三者提供の停止を行ったとき若しくは第三者提供を停止しない旨の決定をしたときは、遅滞なくその旨を本人に通知

することを求めています。

　本条項は、今回の改正で、本人が、利用停止等を請求できる理由の幅が広がり、以下のような点が追加されました。

- 第16条の2（不適正な利用）に違反して利用されている場合の利用停止等
- 当該保有個人データを当該個人情報取扱事業者が利用する必要がなくなった場合や、第22条の2第1項本文に規定する事態（個人データの漏えい等）が生じた場合、その他当該本人の権利又は正当な利益が害されるおそれがある場合の利用停止等又は第三者提供の停止

▶▶ 個人情報取扱事業者の対応

　この条文の内容を簡単にまとめると、その請求理由に応じて、以下のような2つの対応を行うこととなります。

【利用停止又は消去を実施する】

- 保有個人データが、本人の同意なく目的外利用されている場合
- 保有個人データが、違法又は不当な行為を助長するような方法で利用されている場合
- 保有個人データを、不正な手段により取得された、又は本人の同意なく要配慮個人情報が取得された場合

【利用停止又は第三者提供の停止を実施する】

- 本人の同意なく、保有個人データが第三者に提供されている場合
- 本人の同意なく、保有個人データが外国にある第三者に提供されている場合

　このような、本人からの請求理由に対応するため、個人情報取扱事業者は、以下のような準備が必要と思われます。

- 利用しなくなった個人データの削除
- 漏えい等が発生した場合の、本人の求めに応じて利用停止等を行う方法の

検討

■ 本人の権利又は正当な利益が害されるおそれがある場合にあたる状況が発生していないかの確認（例：本人の意思に反して、ダイレクトメールが繰り返し届くなどの現象）

　なお、**個人情報保護法ガイドライン（通則編）** では、本条文における「消去」の対応について、「消去」とは、保有個人データを保有個人データとして使えなくすることであり、当該データを削除することのほか、当該データから特定の個人を識別できないようにすること等を含む、と補足しています。

　事業者としては、第16条（利用目的による制限）、第16条の二（不適正な利用の禁止）、第17条（適正な取得）に違反しない形で個人情報を取り扱い、その上で、利用する必要がなくなった場合に、どのように個人データを削除するべきか、検討する必要があります。

　また、手続違反があることを理由に、本人から保有個人データの全部消去を求められた場合であっても、利用停止によって手続違反を是正できる場合であれば、そのような措置を講ずることにより、義務を果たしたことになり、必ずしも求められた措置をそのまま実施する必要はないとも説明しています（なお、手続違反である旨の指摘が正しくない場合は、利用停止等を行う必要はありません）。そのような請求を受けた場合には、利用停止の対応も含めた形で、対応を検討すると良いでしょう。

保有個人データの利用停止等		
	改正前	改正後
本人の保有個人データに関する権利	以下の場合は、保有個人データの利用の停止又は消去、第三者への提供の停止を請求できる ・保有個人データが目的外利用されている場合や、不適正に取得されたものであるとき ・法令に違反して第三者や外国にある第三者に提供されている場合	以下の場合は、保有個人データの利用の停止又は消去、第三者への提供の停止を請求できる ・保有個人データが目的外利用されている場合や、不適正に利用されている場合、不適正に取得されたものであるとき ・法令に違反して第三者や外国にある第三者に提供されている場合 ・個人情報取扱事業者が、その保有個人データを利用する必要がなくなったとき ・漏えいなどの事態が発生した場合や、本人の正当な利益が害されるおそれがあるとき
個人情報取扱事業者の義務	その請求に理由があることが判明したときは、違反を是正するために必要な限度で、遅滞なく、当該保有個人データの利用停止等または第三者への提供を停止を行わなければならない。 （※例外条件あり）	変更なし
利用停止等や、第三者への提供の停止をしない場合の対応	以下の場合は、本人に対し、遅滞なく、その旨を通知する ・保有個人データの全部又は一部について利用停止等をしたとき、又は利用停止等をしない旨の決定をしたとき ・保有個人データの全部又は一部について第三者提供の停止をしたとき、又は第三者提供の停止をしない旨の決定をしたとき	原則変更なし（対応すべき条項の番号が追加されたのみ）

第7章　個人情報保護法　個人情報取扱事業者の義務④　本人の権利に関する条文

7-4
第31条　理由の説明、第32条 開示等の請求等に応じる手続

第31条　理由の説明では、第27条〜30条に規定する本人からの請求に対して請求された措置を取らない場合は、その理由を本人に説明することを求めており、第32条　開示等の請求等に応じる手続では、本人からの請求に対して、その請求を受け付ける方法を定めることができると規定しています。

▶▶ 第31条　理由の説明

個人情報保護法の第31条では、個人情報取扱事業者は、第27条（利用目的の通知）・第28条（開示）・第29条（訂正等）・第30条（利用停止等）について、本人からの請求を受けた個人情報取扱事業者が、請求された措置の全部又は一部について、その措置をとらない旨を通知する場合又はその措置と異なる措置をとる旨を通知する場合は、本人に対し、その理由を説明するよう努めることを求めています。

なお、本条項は、今回の改正による、本質的な変更はありません。

▶▶ 個人情報取扱事業者の対応

第27条から第30条までの規定によって、個人情報取扱事業者は、本人からの請求に対応することとなりますが、各条項におけるただし書きに該当する場合や、その対応が困難な場合、または本人からの請求とは別の方法で対応する場合には、その旨を通知するとともに、できる限り理由を説明する必要（努力義務）があります。

▶▶ 第32条　開示等の請求等に応じる手続

個人情報保護法の第32条では、第27条（利用目的の通知）・第28条（開示）・第29条（訂正等）・第30条（利用停止等）への対応について、個人情報取扱事業者が、政令で定めるところにより、その求め又は請求を受け付ける方法を定めることができるとしています。この場合において、本人は、当該方法に従って、開示

等の請求等を行うことが必要です。

また、個人情報取扱事業者は、本人に対し、開示等の請求等に関して、その対象となる保有個人データを特定する、又は第三者提供記録を特定するに足りる事項の提示を求めることができるとしています。この場合において、個人情報取扱事業者は、本人が容易かつ的確に開示等の請求等をすることができるよう、当該保有個人データの特定又は当該第三者提供記録の特定に資する情報の提供その他本人の利便を考慮した適切な措置をとらなければならず、これらの開示等の請求等に応じる手続を定めるに当たっては、本人に過重な負担を課するものとならないよう配慮することを求めています。

開示等の請求等は、政令で定めるところにより、代理人によって行うことができるとしています。

なお、本条項は、今回の改正では、第30条に追加された、第三者への提供の停止への対応と整合するため、本人に対して求めることのできる事項として、**第三者提供記録を特定するに足りる事項**が追加されました。あわせて、本人が容易かつ的確に開示等の請求等をすることができるよう、個人情報取扱事業者が講じる措置にも、**第三者提供の特定に資する情報の提供**が追加されています。

開示等の請求等に応じる手続に関する具体的な対応方法

個人情報保護法ガイドライン
（通則編）

開示等の請求等に応じる手続に関する具体的な対応方法

- 開示等の請求等の申出先
  （例）担当窓口名・係名、郵送先住所、受付電話番号、受付FAX番号、メールアドレス等

- 開示等の請求等に際して提出すべき書面（電磁的記録を含む。）の様式、その他の開示等の請求等の受付方法
  （例）郵送、FAX、電子メールで受け付ける等

- 開示等の請求等をする者が本人又はその代理人（1.未成年者又は成年被後見人の法定代理人、2.開示等の請求等をすることにつき本人が委任した代理人）であることの確認の方法

- 保有個人データの利用目的の通知又は保有個人データの開示をする際に徴収する手数料の徴収方法

7-5
第33条　手数料、第34条　事前の請求

　第33条　手数料では、個人情報取扱事業者は、第27条〜28条に規定する本人からの請求に対する措置の実施に関し、手数料を徴収することができると規定しており、**第34条　事前の請求**では、本人は、第28条〜30条に関する裁判上の訴えを提起する場合に、事前の請求が必要であると規定しています。

▶▶ 第33条　手数料

　個人情報保護法の第33条では、個人情報取扱事業者は、第27条第2項の規定による利用目的の通知を求められたとき又は第28条第1項の規定による開示の請求を受けたときは、当該措置の実施に関し、手数料を徴収することができると規定しています。ただし、手数料を徴収する場合は、実費を勘案して合理的であると認められる範囲内において、その手数料の額を定めることを求めています。

　なお、本条項は、今回の改正では、変更はありません。

▶▶ 個人情報取扱事業者の対応

　手数料に関しては、特に政令で定める基準もなく、個人情報保護法ガイドライン（通則編）にも、手数料の徴収に関する具体例等は記載されていません。そのため、個人情報取扱事業者が、自社の事業の性質や、個人情報の取扱い状況等を考慮して定める必要があります。

　また、条文にもある通り、利用目的の通知や開示の請求に関しては、手数料の徴収が認められていますが、訂正・追加又は削除・利用停止・第三者提供の停止等に関しては認められませんので、本人からの保有個人データに関する請求のすべてに対して手数料を設定することのないように注意が必要です。

▶▶ 第34条　事前の請求

　個人情報保護法の第34条では、個人情報の本人は、第28条（開示）・第29条

（訂正等）・第30条（利用停止等）の規定による請求に係る訴えを提起しようとするときは、その訴えの被告となるべき者に対し、あらかじめ、当該請求を行い、かつ、その到達した日から2週間を経過した後でなければ、その訴えを提起することができないとしています。ただし、当該訴えの被告となるべき者がその請求を拒んだときは、この限りではないとしています。

　これらの請求は、その請求が通常到達すべきであった時に、到達したものとみなされ、また、この規定は、第28条（開示）・第29条（訂正等）・第30条（利用停止等）の規定による請求に係る仮処分命令の申立てについても準用されます。

　なお、本条項は、今回の改正では、第30条に追加された、5項が対象に追加されましたが、本質的な変更はありません。

▶▶ 個人情報取扱事業者の対応

　本人からの事前の請求に関して、第28条～第30条に関する請求を拒んだ場合には、本人は、2週間を経過せずとも訴訟を提起することができ、また、個人情報取扱事業者が当該請求を行った者に対して特に理由を説明することなく単に当該請求を拒む旨を通知した場合等も同様であるため、対応には注意が必要です。

　基本的に、個人情報取扱事業者は、本人からの保有データに関する請求等に適切に応じるよう、対策を講じていると思いますが、意図しない結果とならないよう、わかりやすい受付方法や、速やかな対応方法を整備した方が良いでしょう。

訴訟もしくは仮処分命令の申立てが実施できるタイミング

個人情報保護法ガイドライン（通則編）

訴訟もしくは仮処分命令の申立てが実施できるタイミング

● 本人から個人情報取扱事業者に対する保有個人データの開示請求が4月1日に到達した場合には、本人が当該請求に係る裁判上の訴えを提起することができるのは、当該到達日から2週間が経過した日（4月16日）以降

● 自己が識別される保有個人データの開示、訂正等又は利用停止等もしくは第三者提供の停止について仮処分命令を申し立てるときも、同様に、あらかじめ個人情報取扱事業者に対し、これらの請求を行い、かつ、当該請求が当該個人情報取扱事業者に到達した日から2週間を経過した後でなければ、当該仮処分命令を申し立てることができない。

7-6
第35条　個人情報取扱事業者による苦情の処理

第35条　個人情報取扱事業者による苦情の処理では、個人情報の取扱いに関する苦情の適切かつ迅速な処理に努めることと、そのために必要な体制の整備が求められます。

▶▶ 第35条　個人情報取扱事業者による苦情の処理

個人情報保護法の第35条では、個人情報取扱事業者は、個人情報の取扱いに関する苦情の適切かつ迅速な処理に努めなければならず、また、その目的を達成するために必要な体制の整備に努めなければならないと規定されています。

なお、本条項は、今回の改正による変更はありません。

▶▶ 個人情報取扱事業者の対応

個人情報保護法ガイドライン（通則編）では、個人情報取扱事業者は、苦情の適切かつ迅速な処理を行うために、以下のような事項に努めなければならないとしていますが、**もっとも、無理な要求にまで応じなければならないものではない**と補足しています。

- 苦情処理窓口の設置
- 苦情処理の手順を定める等の必要な体制の整備

また、個人情報取扱事業者は、保有個人データの取扱いに関する苦情の申出先（個人情報取扱事業者が認定個人情報保護団体の対象事業者である場合は、その団体の名称及び苦情解決の申出先を含む。）について、本人の知り得る状態に置く必要があるとしています。

なお、苦情処理に関する体制の整備の例としては、以下のような対応を例にあげて説明しています。

- 消費者等本人との信頼関係を構築し事業活動に対する社会の信頼を確保するために、**個人情報保護を推進する上での考え方や方針（いわゆる、プライバシーポリシー、プライバシーステートメント等）**を策定すること
- **個人情報保護を推進する上での考え方や方針**をホームページへの掲載又は店舗の見やすい場所への掲示等により公表し、あらかじめ、対外的に分かりやすく説明すること
- 委託の有無、委託する事務の内容を明らかにする等、委託処理の透明化を進めること

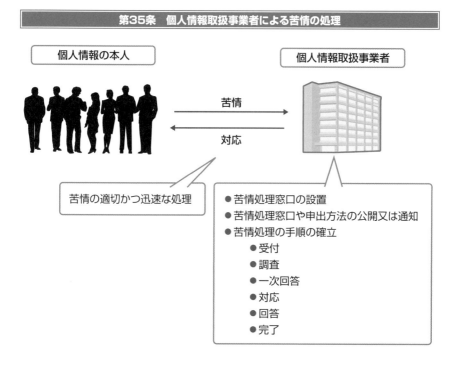

第35条　個人情報取扱事業者による苦情の処理

個人情報の本人

個人情報取扱事業者

苦情

対応

苦情の適切かつ迅速な処理

- 苦情処理窓口の設置
- 苦情処理窓口や申出方法の公開又は通知
- 苦情処理の手順の確立
  - 受付
  - 調査
  - 一次回答
  - 対応
  - 回答
  - 完了

第7章　個人情報保護法　個人情報取扱事業者の義務④　本人の権利に関する条文

column

苦情対応に関する有用な指針
ISO 10002

　苦情対応の仕組みを確立する上で有用な指針として、ISO 10002があります。表題は、「組織における苦情対応の指針」とし、箇条1 序文、箇条2 引用規格、箇条3 用語及び定義、箇条4 基本原則、箇条5 苦情対応の枠組み、箇条6 計画、設計及び開発、箇条7 苦情対応プロセスの運用、箇条8 維持及び改善で構成されています。

　この指針は、組織の製品やサービスに対する顧客からの苦情を対応することを意図したものですが、以下のように、「箇条7 苦情対応プロセスの運用」では、苦情の受付から、完了までに実施することが望ましい事項が規定されていますので、個人情報の取り扱いに関する苦情対応の仕組みを確立する上でも、十分に参考になります。

　　箇条7.1 コミュニケーション
　　箇条7.2 苦情の受理
　　箇条7.3 苦情の追跡
　　箇条7.4 苦情の受理通知
　　箇条7.5 苦情の初期評価
　　箇条7.6 苦情の調査
　　箇条7.7 苦情への対応
　　箇条7.8 決定事項の伝達
　　箇条7.9 苦情対応の終了

個人情報保護法
仮名加工情報取扱事業者等及び
匿名加工情報取扱事業者等の義務

この章では、新設された仮名加工情報に関する、仮名加工情報の作成、仮名加工情報の第三者提供の制限の条項（第35条の二　仮名加工情報の作成等～第35条の三　仮名加工情報の第三者提供の制限等）と、匿名加工情報に関する、匿名加工情報の作成、匿名加工情報の提供、識別行為の禁止、安全管理措置の条項（第36条　匿名加工情報の作成等～第39条　安全管理措置）について解説します。

第35条の二　仮名加工情報の作成等
第35条の三　仮名加工情報の第三者提供の制限等

第35条の二、第35条の三では、新しく定義された**仮名加工情報**の加工方法や、安全管理措置、仮名加工情報取扱事業者の公表すべき事項、第三者提供の禁止などが規定されています。

▶▶ 第35条の二、第35条の三

　個人情報保護法の第35条の二及び**第35条の三**では、個人情報取扱事業者は、仮名加工情報を作成するときは、他の情報と照合しない限り、特定の個人を識別することができないようにするために必要なものとして、個人情報保護委員会規則で定める基準に従い、個人情報を加工することを求めています。

　また、仮名加工情報を作成したとき、又は仮名加工情報及び当該仮名加工情報に係る削除情報等（仮名加工情報の作成に用いられた個人情報から削除された記述等及び個人識別符号並びに前項の規定により行われた加工の方法に関する情報をいう。）を取得したときは、削除情報等の漏えいを防止するために必要なものとして、個人情報保護委員会規則で定める基準に従い、削除情報等の安全管理のための措置を講じることを求めています。

　なお、本条項は、データの利活用促進のため、今回の改正で新設されました。

仮名加工情報の位置づけ

新設された定義

個人情報	仮名加工情報	匿名加工情報	非個人情報
個人を特定できる記述等・音声・画像および個人識別符号	他の情報と照合しない限り特定の個人を識別することができないように加工された個人に関する情報	個人を特定できないように加工し、復元できなくした情報	統計情報のように、特定の個人との対応関係が排斥されている情報

仮名加工情報と匿名加工情報の違い		
	仮名加工情報	匿名加工情報
定義	他の情報と照合しない限り特定の個人を識別することができないように個人情報を加工して得られる個人に関する情報	特定の個人を識別することができないように個人情報を加工して得られる個人に関する情報であって、当該個人情報を復元することができないようにしたもの
利用目的	利用目的の変更を、当初特定した利用目的と関連性のある範囲に限らず、利用目的を変更した上で、変更の後の利用目的を公表すればよい	利用目的に関する規制はない
安全管理措置	個人情報保護委員会規則で定める基準に従い、作成時の削除情報等に関する安全管理措置が必要（※基準は発行待ち）	個人情報から削除した記述等・個人識別符号・加工の方法に関する、以下のような安全管理措置が必要 ・加工方法等情報を取り扱う者の責任・権限の明確化 ・加工方法等情報の取扱いに関する規程類の整備と順守、改善 ・権限を有しない者による加工方法等情報の取扱いを防止するために必要かつ適切な措置
第三者提供	第三者への提供は禁止（ただし、委託、事業承継、共同利用の場合は可能）	提供可能（ただし、規定された事項の公表が必要）

▶▶ その他の仮名加工情報の取り扱い

上記のほかにも、仮名加工情報に関する以下のような規定が盛り込まれています。

- 仮名加工情報の利用目的を特定すること、目的外利用を行わないこと（第15条、第16条関連）
- 仮名加工情報の利用目的を公表すること（第18条関連）
- 仮名加工情報である個人データや、削除情報等を利用する必要がなくなったときは、当該個人データ及び削除情報等を遅滞なく消去するよう努めること（第19条関連）
- 仮名加工情報である個人データを第三者に提供しないこと（法令に基づく場合を除く）（第23条関連）
- 仮名加工情報を取り扱う際は、当該仮名加工情報の作成に用いられた個人

情報に係る本人を識別するために、当該仮名加工情報を他の情報と照合しないこと

- 仮名加工情報を取り扱う際は、本人にアクセス（TEL、郵便、電報、FAXやEメール、又は直接住居を訪問）するために、当該仮名加工情報に含まれる連絡先その他の情報を利用しないこと

- 仮名加工情報、仮名加工情報である個人データ及び仮名加工情報である保有個人データについては、第15条の2項、第22条の二及び第27条～第34条までの規定は、適用しない

- 第23条の5項及び6項の規定は、仮名加工情報の提供を受ける者について準用する（委託、事業承継、共同利用の場合は第三者提供にあたらない）

▶▶ 仮名加工情報の加工と安全管理

　仮名加工情報は、他の情報と照合しない限り特定の個人を識別することができないようにするために、個人情報保護委員会規則で定める基準に従って加工することを求められます。第2条の、仮名加工情報の定義によれば、①第一項第一号に該当する**個人情報に含まれる記述等の一部を削除する**こと（当該一部の記述等を復元することのできる規則性を有しない方法により他の記述等に置き換えることを含む）、②第一項第二号に該当する**個人情報に含まれる個人識別符号の全部を削除すること**（当該個人識別符号を復元することのできる規則性を有しない方法により他の記述等に置き換えることを含む）。という加工方法があげられています。

　また、仮名加工情報を作成したときは、作成時の削除情報等の漏えいを防止するために、個人情報保護委員会規則で定める基準に従って、安全管理措置を講じる必要があります。

　なお、個人情報保護委員会規則で定める具体的な加工基準や、安全管理基準については、施行規則および関連するガイドラインの発行が待たれます。

▶▶ 仮名加工情報に関する公表事項

　個人情報取扱事業者は、第18条（取得に際しての利用目的の通知等）に従って、取得した個人情報の利用目的を通知又は公表しますが、仮名加工情報を作成・利用する場合には、その利用目的を特定し、公表することとなります。また、当該仮

名加工情報の利用目的は、当初定めた利用目的の範囲を超えても変更した場合も、
変更した利用目的を公表しなければなりません。

▶▶ 仮名加工情報の取扱い方法

　　作成された仮名加工情報は、基本的に、社内でのデータ利活用を目的として使
用されるものです。そのため、仮名加工情報取扱事業者は、第三者提供の禁止を
含む、以下のような取扱い方法を遵守する必要があります。

- 不要になった仮名加工情報である個人データや、削除情報等の消去
- 仮名加工情報である個人データの第三者提供禁止（法令に基づく場合を除く）
- 当該仮名加工情報の作成に用いられた個人情報に係る本人を識別するための、当該仮名加工情報と他の情報との照合禁止
- 仮名加工情報を用いた、本人へのアクセス禁止（TEL、郵便、電報、FAXやEメール、又は直接住居を訪問）

▶▶ 仮名加工情報に関する規制緩和

　　新設された仮名加工情報は、原則として社内でのデータの利活用を目的とされて
いるため、第三者への提供は禁止されていますが、事業者に対する規制の緩和も
行われました。仮名加工情報、仮名加工情報である個人データ及び仮名加工情報
である保有個人データについては、利用目的を変更する場合には、変更前の利用目
的と関連性を有すると合理的に認められる範囲を超えてもよいとされています。ま
た、第三者提供の例外である、委託、事業承継、共同利用のケースは、仮名加工
情報にも準用されるため、委託先への仮名加工情報の提供は可能となります。

　　さらに、仮名加工情報が漏洩した場合の報告義務はなく、保有個人データに適
用されるような、本人からの請求に応じた開示・利用目的の通知・訂正等・利用停
止等への対応は不要となります。

第36条　匿名加工情報の作成等

第36条　匿名加工情報の作成等では、匿名加工情報の加工方法や、安全管理措置、匿名加工情報取扱事業者の公表すべき事項などを規定しています。

▶▶ 第36条　匿名加工情報の作成等

　個人情報保護法の第36条では、個人情報取扱事業者は、匿名加工情報を作成するときは、特定の個人を識別すること及びその作成に用いる個人情報を復元することができないようにするために必要なものとして個人情報保護委員会規則で定める基準に従い、当該個人情報を加工することを求めています。また、個人情報取扱事業者は、匿名加工情報を作成したときは、その作成に用いた個人情報から削除した記述等及び個人識別符号並びに前項の規定により行った加工の方法に関する情報の漏えいを防止するために必要なものとして個人情報保護委員会規則で定める基準に従い、これらの情報の安全管理のための措置を講じることを求めています。

　ほかにも、匿名加工情報に関する以下のような規定が盛り込まれています。

- 匿名加工情報を作成したときは、個人情報保護委員会規則で定めるところにより、当該匿名加工情報に含まれる個人に関する情報の項目を公表すること
- 匿名加工情報を作成して当該匿名加工情報を第三者に提供するときは、個人情報保護委員会規則で定めるところにより、あらかじめ、第三者に提供される匿名加工情報に含まれる個人に関する情報の項目及びその提供の方法について公表するとともに、当該第三者に対して、当該提供に係る情報が匿名加工情報である旨を明示すること
- 匿名加工情報を作成して自ら当該匿名加工情報を取り扱うに当たっては、当該匿名加工情報の作成に用いられた個人情報に係る本人を識別するために、

当該匿名加工情報を他の情報と照合しないこと
- 匿名加工情報を作成したときは、当該匿名加工情報の安全管理のために必要かつ適切な措置、当該匿名加工情報の作成その他の取扱いに関する苦情の処理その他の当該匿名加工情報の適正な取扱いを確保するために必要な措置を自ら講じ、かつ、当該措置の内容を公表するよう努めること

なお、本条項は、今回の改正による変更はありません。

▶▶ 匿名加工情報の加工方法

個人情報保護法ガイドライン（匿名加工情報編）では、匿名加工情報を作成する際、特定の個人を識別できないように、かつ、その作成に用いる個人情報を復元できないようにするために、施行規則第19条各号に定める基準に従って、当該個人情報を加工しなければならないとしています。匿名加工情報は、その情報の特性によっては、個人を特定できてしまうケースがあるため、加工する情報の性質に応じて、施行規則第19条各号に定める加工基準を満たす必要があります。

なお、施行規則第19条で求められる主な加工方法は、以下の通りです。

①特定の個人を識別することができる記述等の削除

氏名、住所、生年月日、性別の他、様々な個人に関する記述等のうち、氏名のようにその情報単体で特定の個人を識別することができるもののほか、住所、生年月日など、これらの記述等が合わさることによって特定の個人を識別することができるものを削除するか、または他の記述等へ置き換える。

②個人識別符号の削除

加工対象となる個人情報が、個人識別符号を含む情報であるときは、当該個人識別符号単体で特定の個人を識別できるため、当該個人識別符号の全部を削除するか、または他の記述等へ置き換える。

③情報を相互に連結する符号の削除

　個人情報取扱事業者が個人情報を取り扱う上で、個人情報データベースや、その他分散管理されたデータ上の情報を個人情報と相互に連結するための符号としてID等を付している場合、そのIDを連結することにより、特定の個人の識別や元の個人情報の復元につながり得ることから、加工対象となる個人情報から削除するか、または他の記述等へ置き換える。

④特異な記述等の削除

　一般的にみて、珍しい事実に関する記述や、他の個人と著しい差異が認められる記述等については、特定の個人の識別又は元の個人情報の復元につながるおそれがあるため、特異な記述等について削除するか、または他の記述等へ置き換える。

⑤個人情報データベース等の性質を踏まえたその他の措置

　上記①〜④の加工を行っても、個人情報データベース等の性質により、一般的にみて、特定の個人を識別することが可能である状態となる場合には、上記の措置のほかに必要となる措置がないかどうか勘案し、必要に応じて、個人情報保護法ガイドライン（匿名加工情報編）にあるような手法などにより、適切な措置を講じる。

▶▶ 匿名加工情報の安全管理措置

　個人情報取扱事業者は、匿名加工情報を作成したときは、加工方法等情報（その作成に用いた個人情報から削除した記述等／個人識別符号／加工の方法に関する情報）の漏えいを防止するために、施行規則第20条で定める基準に従い、必要な措置を講じなければなりません。

加工方法等情報の安全管理で求められる措置の具体例	
講じなければならない措置	具体例
①加工方法等情報を取り扱う者の権限及び責任の明確化（規則第20条第1号）	・加工方法等情報の安全管理措置を講ずるための組織体制の整備
②加工方法等情報の取扱いに関する規程類の整備及び当該規程類に従った加工方法等情報の適切な取扱い並びに加工方法等情報の取扱状況の評価及びその結果に基づき改善を図るために必要な措置の実施（規則第20条第2号）	・加工方法等情報の取扱いに係る規程等の整備とこれに従った運用 ・従業員の教育 ・加工方法等情報の取扱状況を確認する手段の整備 ・加工方法等情報の取扱状況の把握、安全管理措置の評価、見直し及び改善
③加工方法等情報を取り扱う正当な権限を有しない者による加工方法等情報の取扱いを防止するために必要かつ適切な措置（規則第20条第3号）	・加工方法等情報を取り扱う権限を有しない者による閲覧等の防止 ・機器、電子媒体等の盗難等の防止 ・電子媒体等を持ち運ぶ場合の漏えい等の防止 ・加工方法等情報の削除並びに機器、電子媒体等の廃棄 ・加工方法等情報へのアクセス制御 ・加工方法等情報へのアクセス者の識別と認証 ・外部からの不正アクセス等の防止 ・情報システムの使用に伴う加工方法等情報の漏えい等の防止

▶▶ 匿名加工情報に関する公表

　　個人情報保護法ガイドライン（匿名加工情報編）では、匿名加工情報を作成したとき（その加工作業が完了したとき）は、匿名加工情報の作成後遅滞なく、インターネット等を利用し、当該匿名加工情報に含まれる個人に関する情報の項目を公表しなければならないとしています。また、個人に関する情報の項目が同じである匿名加工情報を、同じ手法により反復・継続的に作成する場合には、最初の匿名加工情報を作成して個人に関する項目を公表する際に、作成期間又は継続的な作成を予定している旨を明らかにしておくことが必要です。

　　なお、他の個人情報取扱事業者との委託契約により個人データの提供を受けて匿名加工情報を作成する場合など委託により匿名加工情報を作成する場合は、委託元が、当該匿名加工情報に含まれる個人に関する情報の項目を公表することとなります。

第37条　匿名加工情報の提供

第37条　匿名加工情報の提供では、事業者が自ら作成したものではない匿名加工情報を、第三者に提供する場合の公表事項を規定しています。

▶▶ 第37条　匿名加工情報の提供

　個人情報保護法の第37条では、匿名加工情報取扱事業者は、匿名加工情報（自ら個人情報を加工して作成したものを除く。）を第三者に提供するときは、個人情報保護委員会規則で定めるところにより、あらかじめ、第三者に提供される匿名加工情報に含まれる個人に関する情報の項目及びその提供の方法について公表するとともに、当該第三者に対して、当該提供に係る情報が匿名加工情報である旨を明示することを求めています。

　なお、本条項は、今回の改正による変更はありません。

▶▶ 匿名加工情報の提供に関する公表

　第36条　匿名加工情報の作成等の4項にも、匿名加工情報を第三者提供した場合の公表について規定されていますが、これらの違いは、自らが作成した匿名加工情報か、別の匿名加工情報取扱事業者が作成したものかによるものであり、公表しなければならない事項は同様となります。

　個人情報保護法ガイドライン（匿名加工情報編）では、個人情報取扱事業者又は匿名加工情報取扱事業者は、匿名加工情報を第三者に提供するときは、提供に当たりあらかじめ、インターネット等を利用し、以下にあげる事項を公表するとともに、当該第三者に対して、当該提供に係る情報が匿名加工情報である旨を、電子メール又は書面等により明示しなければならないとしています。

①第三者に提供する匿名加工情報に含まれる個人に関する情報の項目
　　事例）「氏名・性別・生年月日・購買履歴」のうち、氏名を削除した上で、生

年月日の一般化、購買履歴から特異値等を削除する等加工して、「性別・生年・購買履歴」に関する匿名加工情報として作成して第三者提供する場合の公表項目は、「性別」、「生年」、「購買履歴」である。

②匿名加工情報の提供の方法

事例1）ハードコピーを郵送
事例2）第三者が匿名加工情報を利用できるようサーバにアップロード

また、個人に関する情報の項目及び加工方法が同じである匿名加工情報を反復・継続的に第三者へ同じ方法により提供する場合には、最初に匿名加工情報を第三者提供するときに、個人に関する項目を公表する際に、提供期間又は継続的な提供を予定している旨を明記するなど、継続的に提供されることとなる旨を明らかにしておくことにより、その後に第三者に提供される匿名加工情報に係る公表については先の公表により行われたものと解されると補足しています。

なお、匿名加工情報をインターネット等で公開する行為についても、不特定多数への第三者提供に当たるため、これらの対応が必須となります。

匿名加工情報の作成や公表などに関する施行規則	
実施事項	実施事項に対応する施行規則の条文
作成・加工	第19条 匿名加工情報の作成の方法に関する基準 特定の個人を識別することができる記述等の削除／個人識別符号の削除／情報を相互に連結する符号の削除／特異な記述等の削除／個人情報データベース等の性質を踏まえたその他の措置
安全管理措置	第20条 加工方法等情報に係る安全管理措置の基準 加工方法等情報を取り扱う者の責任・権限の明確化／加工方法等情報の取扱いに関する規程類の整備と順守、改善／権限を有しない者による加工方法等情報の取扱いを防止するために必要かつ適切な措置
個人情報取扱事業者の作成時における公表	第21条 個人情報取扱事業者による匿名加工情報の作成時における公表 インターネットの利用などによる公表／委託を受けて匿名加工情報を作成した場合の公表
個人情報取扱事業者の第三者提供時における公表	第22条 個人情報取扱事業者による匿名加工情報の第三者提供時における公表等 インターネットの利用などによる公表／電子メールや書面などによる明示
匿名加工情報取扱事業者の第三者提供時における公表	第23条 匿名加工情報取扱事業者による匿名加工情報の第三者提供時における公表等 インターネットの利用などによる公表／電子メールや書面などによる明示

第38条　識別行為の禁止、
第39条　安全管理措置

　　第38条　識別行為の禁止では、個人情報取扱事業者または匿名加工情報取扱事業者が、匿名加工情報を取り扱う際に、その匿名加工情報の元となった個人を特定するために、加工方法の情報を取得し、識別することを禁じており、**第39条安全管理措置**では、匿名加工情報取扱事業者が、匿名加工情報の安全管理のために必要かつ適切な措置や、苦情などへの適切な措置を、自ら講じることを求めています。

▶▶ 第38条　識別行為の禁止

　　個人情報保護法の第38条では、匿名加工情報取扱事業者は、匿名加工情報を取り扱うに当たっては、当該匿名加工情報の作成に用いられた個人情報に係る本人を識別するために、当該個人情報から削除された記述等若しくは個人識別符号、若しくは第36条（匿名加工情報の作成等）第1項、行政機関の保有する個人情報の保護に関する法律第44条の10第1項（同条第2項において準用する場合を含む。）若しくは独立行政法人等の保有する個人情報の保護に関する法律第44条の10第1項（同条第2項において準用する場合を含む。）の規定により行われた加工の方法に関する情報を取得し、又は当該匿名加工情報を他の情報と照合してはならないとしています。

　　なお、本条項は、今回の改正による、本質的な変更はありません。

匿名加工情報と期待される効果

匿名加工情報

特定の個人を識別することができないように個人情報を加工し、
当該個人情報を復元できないようにした情報。

※匿名加工情報の元となった個人を特定するために、加工方法の情報を取得し、識別すること(=識別行為)は禁止。

匿名加工情報ではないと されるもの	期待される効果①
個人データをマスキングしたもの →仮名加工情報または個人情報と しての取扱いが必要となる	ポイントカードの購買履歴や交通系ICカードの乗降履歴等 を複数の事業者間で分野横断的に利活用することにより、 新たなサービスやイノベーションを生み出す可能性
統計データ (個人との対応関係が十分に排斥で きるような形で統計化された情報) →個人情報でも匿名加工情報でも ないと判断される	期待される効果② 医療機関が保有する医療情報を活用した創薬・臨床分野の 発展や、カーナビ等から収集される走行位置履歴等のプロー ブ情報を活用したより精緻な渋滞予測や天候情報の提供 等により、国民生活全体の質の向上に寄与する可能性

▶▶ 識別行為の具体例

個人情報保護法ガイドライン（匿名加工情報編）では、匿名加工情報を取り扱う場合には、当該匿名加工情報の作成の元となった個人情報の本人を識別する目的で、それぞれ次の行為を行ってはならないとしています。

①**個人情報取扱事業者が自ら作成した匿名加工情報を取り扱う場合**

- 自らが作成した匿名加工情報を、本人を識別するために他の情報と照合すること。

②**匿名加工情報取扱事業者が他者の作成した匿名加工情報を取り扱う場合**

- 受領した匿名加工情報、行政機関非識別加工情報又は独立行政法人等非識別加工情報の加工方法等情報を取得すること。
- 受領した匿名加工情報を、本人を識別するために他の情報と照合すること。

なお、ここでいう「他の情報」に限定はなく、本人を識別する目的をもって行う

行為であれば、個人情報及び匿名加工情報を含む情報全般と照合する行為が禁止されることとなります。また、具体的にどのような技術又は手法を用いて照合するかは問わないとされているため、注意が必要です。

個人情報保護法ガイドライン（匿名加工情報編） では、識別行為に関する具体例を以下のように説明しています。

【識別行為に当たらない取扱いの事例】

- 複数の匿名加工情報を組み合わせて統計情報を作成すること。
- 匿名加工情報を個人と関係のない情報（例：気象情報、交通情報、金融商品等の取引高）とともに傾向を統計的に分析すること。

【識別行為に当たる取扱いの事例】

- 保有する個人情報と匿名加工情報について、共通する記述等を選別してこれらを照合すること。
- 自ら作成した匿名加工情報を、当該匿名加工情報の作成の元となった個人情報と照合すること。

▶▶ 第39条　安全管理措置

個人情報保護法の第39条 では、匿名加工情報取扱事業者は、匿名加工情報の安全管理のために必要かつ適切な措置、匿名加工情報の取扱いに関する苦情の処理その他の匿名加工情報の適正な取扱いを確保するために必要な措置を自ら講じ、かつ、当該措置の内容を公表するよう努めることを求めています。

なお、本条項は、今回の改正による、本質的な変更はありません。

▶▶ 安全管理措置の具体例

第36条　匿名加工情報の作成等の2項 にも、匿名加工情報を作成した場合の安全管理措置について規定されていますが、この第39条では、匿名加工情報取扱事業者が、**匿名加工情報の安全管理措置や苦情の処理等も含めた適切な取扱いのための措置を講じるだけでなく、その内容を公表すること** が求められます。

個人情報保護法ガイドライン（匿名加工情報編） では、当該安全管理等の措置

について、個人情報と同様の取扱いを求めるものではないが、例えば、個人情報保護法の以下の条文で求められる例を参考にすることも考えられると補足しています。

- 第20条　（安全管理措置）
- 第21条　（従業者の管理）
- 第22条　（委託先の監督）
- 第35条　（個人情報取扱事業者による苦情の処理）

　なお、匿名加工情報には識別行為の禁止義務が課されていることから、匿名加工情報を取り扱うに当たっては、それを取り扱う者が不適正な取扱いをすることがないよう、匿名加工情報に該当することを明確に認識できるようにしておくことが重要です。そのため、作成した匿名加工情報について、匿名加工情報を取り扱う者にとってその情報が匿名加工情報である旨が一見して明らかな状態にしておくことが望ましいとされています。したがって、安全管理措置の一部として、匿名加工情報のラベリング方法や、保管方法に関するルールを設けることも必要になると思われます。

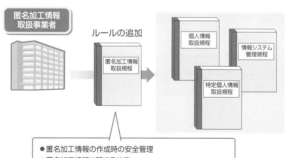

匿名加工情報取扱事業者の安全管理措置

匿名加工情報取扱事業者

ルールの追加

匿名加工情報取扱規程

個人情報取扱規程

情報システム管理規程

特定個人情報取扱規程

- ●匿名加工情報の作成時の安全管理
- ●匿名加工情報に関する公表
- ●匿名加工情報およびその作成方法に関する安全管理
- ●匿名加工情報の識別（ラベリング）や保管に関するルール
- ●匿名加工情報を取り扱う者の責任及び権限
- ●匿名加工情報に関する従業者への教育
- ●匿名加工情報に関する委託先の監督
- ●匿名加工情報に関する苦情や相談への対応

第8章　個人情報保護法　仮名加工情報取扱事業者等及び匿名加工情報取扱事業者等の義務

海外の個人情報保護に関する法規制

日本では、2019年1月に、EUとの間でGDPRに基づく十分性認定が行われ、EU域内と英国に関しては、いくつかの補完的ルールによって、個人データの移転が可能となりました。他の国々では、どのような法規制によって個人情報（プライバシー）の保護を行っているのでしょうか？

中国では、サイバーセキュリティ法（CS法）が2017年6月1日から施行されています。ネットワークの安全に関するコンプライアンス上の要求が提起されたもので、特にインターネット情報に関して大きく規制と制御を行っています。この法律は、日本や世界各国のプライバシー保護ルールと違って、本人の権利利益を守るものではなく、あくまでも中国国家の安全保障を目的としているところが特徴です。もし、中国でのビジネスを展開される際には、日本貿易振興機構から、2019年10月に、「中国におけるサイバーセキュリティ法規制にかかわる対策マニュアル」が発行されており、企業として必要な対策がわかりやすくまとめられていますので、参考にされると良いでしょう。

アメリカでは、日本でいう個人情報保護法のようなプライバシー保護の法律はありませんが、特定の分野ごとに、個人データの取扱い規制がなされています。例として、医療情報を取り扱う場合の規制や、金融サービスで個人情報を取り扱う場合の規制、さらに、児童オンラインプライバシー保護法や、迷惑メール（スパムメール）防止法などがあります。近年注目されているのは、2020年1月から施行されている、カリフォルニア州消費者プライバシー法（CCPA）で、GDPRに匹敵するくらい厳しいと言われています。

第 9 章

個人情報保護法
罰則

今回の個人情報保護法の改正では、個人情報保護委員会からの勧告や命令に従わなかった場合の罰則が「6月以下の懲役又は30万円以下の罰金」から「1年以下の懲役又は100万円以下の罰金」に引き上げられるなど、罰則に関しても強化されました。この章では、個人情報保護法の罰則に関する条項（第82条〜第88条）について解説します。

第82条〜84条　罰則に関する条文

第7章　罰則のうち、第82条は、個人情報保護委員会の秘密保持義務に違反した場合、第83条は、個人情報保護委員会からの勧告及び命令に従わなかった場合、第84条は、個人情報取扱事業者が不正に個人情報データベース等を提供・盗用した場合の罰則が規定されています。

▶▶ 罰則の内容

個人情報保護法の第7章　罰則の第82条から第84条では、それぞれ以下のような内容を規定しています。

- 第82条：第72条の規定に違反して秘密を漏らし、又は盗用した者は、**2年以下の懲役又は100万円以下の罰金**に処する
- 第83条：第42条第2項又は第3項の規定による命令に違反した場合には、当該違反行為をした者は、**1年以下の懲役又は100万円以下の罰金**に処する
- 第84条：個人情報取扱事業者若しくはその従業者又はこれらであった者が、その業務に関して取り扱った個人情報データベース等（その全部又は一部を複製し、又は加工したものを含む。）を自己若しくは第三者の不正な利益を図る目的で提供し、又は盗用したときは、**1年以下の懲役又は50万円以下の罰金**に処する

▶▶ 今回の改正

元々第84条として規定されていた、**個人情報保護委員会からの勧告や命令に従わなかった場合の罰則**が、以下のように引き上げられ、条項番号を第83条に変更されました。

（改正前）6月以下の懲役又は30万円以下の罰金

（改正後）1年以下の懲役又は100万円以下の罰金

▶▶ 勧告や命令に対する考え方

　個人情報保護法ガイドライン（通則編）によれば、第42条に規定される個人情報保護委員会の**勧告、命令及び緊急命令**は、個人情報取扱事業者等が、当該ガイドラインに沿って必要な措置等を講じたかどうかを判断して行うものとなります。

　実際に個人情報保護委員会が**勧告**を行うこととなるのは、**個人の権利利益を保護するため必要がある**と個人情報保護委員会が認めたときです。

　また、**命令**は、単に**勧告**に従わないことにより発せられるのではなく、正当な理由なく、その勧告に係る措置をとらなかった場合において、**個人の重大な権利利益の侵害が切迫している**と個人情報保護委員会が認めたときに発せられると規定されています。

▶▶ 個人情報取扱事業者の不正な提供や盗用

　第84条の罰則は、第16条の2（不適正な利用の禁止）や第17条（適正な取得）に関連したものとなっており、個人情報取扱事業者が業務上で取り扱う個人情報データベース等を不正な利益を得るために提供や盗用した場合に適用されます。この条文自体は変更されていませんが、次に解説する第87条の罰則規定では、第83条・第84条に違反した場合の、法人に対する罰則が新たに追加されているため、注意が必要です。

罰則の内容　第82条〜第84条		
条項	内容	改正状況
第82条	個人情報保護委員会の秘密保持義務の規定に違反して秘密を漏らし、又は盗用した者は、2年以下の懲役又は100万円以下の罰金	改正なし
第83条	個人情報保護委員会からの勧告及び命令に違反した場合には、当該違反行為をした者は、1年以下の懲役又は100万円以下の罰金	改正あり 6月以下の懲役又は30万円以下の罰金 →1年以下の懲役又は100万円以下の罰金
第84条	個人情報取扱事業者（若しくはその従業者又はこれらであった者）が、その業務に関して取り扱った個人情報データベース等を不正な利益を図る目的で提供・盗用したときは、1年以下の懲役又は50万円以下の罰金	改正なし

9-2
第85条～88条　罰則に関する条文

第7章　罰則のうち、第85条は、個人情報保護委員会への報告や立入検査に違反した者への罰則、第86条は、国外で罪を犯した場合の適用、第87条は、第83条～第85条の法人の場合の罰則、第88条は、第三者提供時の確認や、認定個人情報保護団体に関連した罰則などを規定しています。

▶▶ 罰則の内容

個人情報保護法の第7章　罰則の第85条から第87条では、それぞれ以下のような内容を規定しています。

- 第85条：次の各号のいずれかに該当する場合には、当該違反行為をした者は、**50万円以下の罰金**に処する。
  - 第40条（報告及び立入検査）第1項の規定による報告若しくは資料の提出をせず、若しくは虚偽の報告をし、若しくは虚偽の資料を提出し、又は当該職員の質問に対して答弁をせず、若しくは虚偽の答弁をし、若しくは検査を拒み、妨げ、若しくは忌避したとき
  - 第56条（報告の徴収）の規定による報告をせず、又は虚偽の報告をしたとき
- 第86条：第82条及び第84条の規定は、日本国外においてこれらの条の罪を犯した者にも適用する。
- 第87条：法人の代表者又は法人若しくは人の代理人、使用人その他の従業者が、その法人又は人の業務に関して、次の各号に掲げる違反行為をしたときは、行為者を罰するほか、その法人に対して当該各号に定める罰金刑を、その人に対して各本条の罰金刑を科する。
  - 第83条及び第84条　**1億円以下の罰金刑**
  - 第85条　**同条の罰金刑**

- 法人でない団体について前項の規定の適用がある場合には、その代表者又は管理人が、その訴訟行為につき法人でない団体を代表するほか、法人を被告人又は被疑者とする場合の刑事訴訟に関する法律の規定を準用する。

■ 第88条：次の各号のいずれかに該当する者は、**10万円以下の過料**に処する。

- 第26条（第三者提供を受ける際の確認等）第2項又は第55条（名称の使用制限）の規定に違反した者
- 第50条（廃止の届出）第1項の規定による届出をせず、又は虚偽の届出をした者

罰則の内容　第85条〜第88条		
条項	内容	改正状況
第85条	以下の場合は50万円以下の罰金 （個人情報保護委員会への） 報告や資料の提出をしない場合や、虚偽の報告や虚偽の資料を提出したとき 質問に対して答弁をせず、若しくは虚偽の答弁をしたときや、検査を忌避したとき	改正あり 30万円以下の罰金 →50万円以下の罰金
第86条	第82条及び第84条の規定は、日本国外においてこれらの条の罪を犯した者にも適用する。	改正なし
第87条	法人の代表者又は法人若しくは人の代理人、使用人その他の従業者が、業務に関して、次の各号に掲げる違反行為をしたときは、行為者を罰するほか、その法人に対して当該各号に定める罰金刑を、その人に対して各本条の罰金刑を科する。 第83条及び第84条　1億円以下の罰金刑 第85条　同条の罰金刑	改正あり 法人に対する罰金額を追加
第88条	以下の場合は、10万円以下の過料 第三者提供に関する確認を受けた際に、回答を偽った場合 認定個人情報保護団体という名称や、紛らわしい名称を使用した場合 認定個人情報保護団体の廃止の届け出をしなかった、又は虚偽の届出をした者	改正なし

▶▶ 今回の改正

今回の改正で、以下の内容が追加や変更となりました。

- 第85条：罰金の額の引き上げ
    - （改正前）30万円以下の罰金
    - （改正後）50万円以下の罰金
- 第87条：法人に対する罰金の額を追加
    - （改正前）罰金に関する規定は無し
    - （改正後）1億円以下の罰金刑

▶▶ 法人への罰金

罰則に関する条文で、個人情報取扱事業者に最も大きな影響を与えるのは、**第87条の1号目**であり、以下の場合です。

- 個人情報保護委員会からの勧告や命令に従わなかった場合
- 個人情報データベース等を不正に提供・盗用した場合

行為者には第83条と第84条に定める懲役又は罰金刑が適用されますが、その行為者の所属する法人には、1億円以下の罰金刑が科せられることとなります。

企業は、リスク対策という側面からも、従業者への教育や監督を十分に行う必要があると言えます。

個人情報保護法ガイドラインと補完的ルール

前章までは、個人情報保護法の条文について解説してきました。

この章は、個人情報保護法の理解の促進や法対応のための有用なガイドライン（個人情報の保護に関する法律についてのガイドライン）や補完的ルールについて解説していきます。

個人情報の保護に関する法律についてのガイドライン（通則編）

個人情報保護法ガイドライン（通則編）は、個人情報取扱事業者が、個人情報保護法に適合するための、各条文に対応した具体的なガイドを示しています。

▶▶ 本ガイドラインの目的

本ガイドラインは、事業者が個人情報を適正に取扱うための活動を支援することや、その支援によって事業者が講ずる措置が適切かつ有効に実施されることを目的に、**個人情報の保護に関する法律に基づいた具体的な指針**として定められています。

▶▶ 本ガイドラインの主な内容

個人情報保護法ガイドライン（通則編）は、ガイドラインの中でも基本的な位置づけとなっており、個人情報取扱事業者が遵守すべき、ほとんどの条文を対象にされています。

本ガイドラインでは、まず、**法律の条文**を参考として示し、次に、**その条文の解説**や、**事業者が対応するべき事項**を説明し、さらに**具体的な参考例**を示すという形で構成されており、法律の条文だけを見ても理解しづらい部分や、実際に事業者としてどのような対応をすべきかが、わかりやすく整理されています。

また、参考情報には、法律に**関連する施行令や施行規則**の内容も示してあり、法律とそれに関する施行規則などを一度に確認できます。事例が非常に豊富なのも特徴で、できるだけ様々な業種にあてはまるように工夫されていることがわかります。

▶▶ 本ガイドラインのポイント

個人情報取扱事業者が、個人情報保護規程や、個人情報保護のための安全管理規程を策定される際に、このガイドラインを参照されることで、抜け漏れのない対策を講じることができます。ただし、①第三者提供を行う／受ける場合、②外国にある第三者への提供を行う場合、③匿名加工情報を作成する場合や、匿名加工

情報の提供を行う／受ける場合、にはそれぞれに対応したガイドラインを参照する必要があります。

▶▶ 本ガイドラインに関連する条文

　本ガイドラインに関連する、個人情報保護法の条文は図表の通りです。ただし、今回の改正で新たに追加された、①**第22条の2（漏えい等の報告等）**、②**第26条の2（個人関連情報の第三者提供の制限等）**、③**第35条の2（仮名加工情報の作成等）**、④**第35条の3（仮名加工情報の第三者提供の制限等）**、については、施行令や施行規則の発行後に、通則編に追加されるか、もしくは新しいガイドラインが制定されるものと思われます。

個人情報保護法ガイドライン（通則編）に含まれる条文	
見出し	**含まれる条文**
定義	第2条（個人情報／個人識別符号／個人情報データベース等／個人情報取扱事業者／個人データ／保有個人データ／匿名加工情報／匿名加工情報取扱事業者／本人に通知／公表／本人の同意／提供）
個人情報の利用目的	第15条（利用目的の特定）、第16条（利用目的による制限）、第18条（取得に際しての利用目的の通知等）
個人情報の取得	第17条（適正な取得）、第18条（取得に際しての利用目的の通知等）
個人データの管理	第19条（データ内容の正確性の確保等）、第20条（安全管理措置）、第21条（従業者の管理）、第22条（委託先の監督）
個人データの第三者への提供	第23条（第三者利用の制限）、第24条（外国にある第三者への提供の制限）、第25条（第三者提供に係る記録の作成等）、第26条（第三者提供を受ける際の確認等）
保有個人データに関する事項の公表等、保有個人データの開示・訂正等・利用停止等	第27条（保有個人データに関する事項の公表等）、第28条（開示）、第29条（訂正等）、第30条（利用停止等）、第31条（理由の説明）、第32条（開示等の請求等に応じる手続）、第33条（手数料）、第34条（事前の請求）
個人情報の取扱いに関する苦情処理	第35条（個人情報取扱事業者による苦情の処理）
匿名加工情報取扱事業者の義務	第36条（匿名加工情報の作成等）、第37条（匿名加工情報の提供）、第38条（識別行為の禁止）、第39条（安全管理措置等）
「勧告」「命令」「緊急命令」等についての考え方	第42条（勧告及び命令）
域外適用及び適用除外	第75条（適用範囲）、第76条（適用除外）
（別添）講ずべき安全管理措置の内容	第20条（安全管理措置）

10-2
個人情報の保護に関する法律についてのガイドライン（外国にある第三者への提供編）

個人情報保護法ガイドライン（外国にある第三者への提供編）は、個人情報取扱事業者が、外国にある第三者に個人データを提供する際の、適切な対応について、具体的なガイドを示しています。

▶▶ 本ガイドラインの目的

本ガイドラインは、前回の個人情報保護法の改正で、個人情報の保護に関する国際的な枠組み等との整合を図るために**第24条（外国にある第三者への提供の制限）**が設けられたことに伴い、個人情報取扱事業者の義務のうち、外国にある第三者への個人データの提供に関する部分に特化して、分かりやすく一体的に示す観点から、通則編とは別にまとめられました。

▶▶ 本ガイドラインの主な内容

個人情報保護法ガイドライン（外国にある第三者への提供編）は、個人情報取扱事業者が、個人データを外国にある第三者に提供する場合において遵守すべき条文を対象に作られています。

本ガイドラインでは、まず、外国にある第三者への提供に関する**本人の同意**や、**「外国にある第三者」**、**「個人の権利利益を保護する上で我が国と同等の水準にあると認められる個人情報の保護に関する制度を有している外国」**の定義など、法律の条文を理解する上で必要な事項について説明しています。そのあとに、第24条だけでなく、第15条から35条までの条文で要求される事項もふまえた形で、外国にある第三者に関連する対応方法を、具体的な事例を織り交ぜて解説しています。

▶▶ 本ガイドラインのポイント

グローバルな取引を行っている、もしくはグローバルな拠点をもって活動する個人情報取扱事業者が、外国にある第三者との個人データの授受や提供などを行

うにあたってのルールを策定する際に役立ちます。

　特に、**外国にある第三者への提供の制限（法第24条の趣旨に沿った措置）**では、日本にある個人情報取扱事業者が、外国にある事業者に顧客データの入力業務を委託する場合に、どのような措置が必要となるか、また日本にある個人情報取扱事業者が、外国にある親会社に従業員情報を提供する場合にはどのような措置が必要か、など、具体例をあげた形での説明があり、実際にそのような業務についている方にとって、非常に参考になります。

▶▶ 本ガイドラインに関連する条文

　本ガイドラインに関連する、個人情報保護法の条文は図表の通りとなります。ただし、今回の改正で第24条に追加された、**本人への情報提供など**の部分については、ガイドラインの改正が待たれます。

個人情報保護法ガイドライン（外国にある第三者への提供編）に含まれる条文	
見出し	含まれる条文
総論	第24条（外国にある第三者への提供の制限）
個人の権利利益を保護する上で我が国と同等の水準にあると認められる個人情報の保護に関する制度を有している外国	規則第11条（個人の権利利益を保護する上で我が国と同等の水準にあると認められる個人情報の保護に関する制度を有している外国）
個人情報取扱事業者が講ずべき措置に相当する措置を継続的に講ずるために必要な体制の基準	規則第11条の2（個人情報取扱事業者が講ずべきこととされている措置に相当する措置を継続的に講ずるために必要な体制の基準）、第15条（利用目的の特定）、第16条（利用目的による制限）、第17条（適正な取得）、第18条（取得に際しての利用目的の通知等）、第19条（データ内容の正確性の確保等）、第20条（安全管理措置）、第21条（従業者の管理）、第22条（委託先の監督）、第23条（第三者利用の制限）、第24条（外国にある第三者への提供の制限）、第27条（保有個人データに関する事項の公表等）、第28条（開示）、第29条（訂正等）、第30条（利用停止等）、第31条（理由の説明）、第32条（開示等の請求等に応じる手続）、第33条（手数料）、第35条（個人情報取扱事業者による苦情の処理）
個人データの提供を受ける者が、個人情報の取扱いに係る国際的な枠組みに基づく認定を受けていること	規則第11条の2（個人情報取扱事業者が講ずべきこととされている措置に相当する措置を継続的に講ずるために必要な体制の基準）

個人情報の保護に関する法律についてのガイドライン（第三者提供時の確認記録義務編）

個人情報保護法ガイドライン（第三者提供時の確認記録義務編）は、個人情報取扱事業者が、第三者に個人データを提供する際や、第三者から個人データの提供を受ける場合の、適切な対応について、具体的なガイドを示しています。

▶▶ 本ガイドラインの目的

本ガイドラインは、前回の個人情報保護法の改正で、いわゆる名簿業問題を解決するため、個人データの適正な第三者提供を確保するための規定が設けられたことに伴い、個人情報取扱事業者の義務のうち、**第三者提供における確認・記録義務に関する部分に特化**して、分かりやすく一体的に示す観点から、通則編とは別にまとめられました。

また、規制の強化だけでなく、事業者に対する過度な負担を回避するため、**確認・記録義務の適切な運用の整理を示すこと**も目的であるとされています。

▶▶ 本ガイドラインの主な内容

個人情報保護法ガイドライン（第三者提供時の確認記録義務編）は、個人情報取扱事業者が、個人データを第三者に提供する場合と、第三者から提供を受ける場合において遵守すべき条文を対象に作られています。

本ガイドラインでは、まず、確認・記録義務の適用対象となるものについて整理しており、明文により対象外にあたるケースと、解釈により対象外にあたるケースを、具体的な事例もあげながら説明しています。

次に、**確認義務**および**記録義務**について、どのような事項を確認し、記録しなければならないのか、記録の媒体や作成方法についても説明しています。

▶▶ 本ガイドラインのポイント

本ガイドラインは、事業上で、個人データの第三者への提供のプロセス、もし

くは提供を受けるプロセスを持つ、個人情報取扱事業者が、その確認や記録に関する実務的な対応を整理し、ルールを策定するのに役立ちます。

特に、提供をする場合では、以下の二つのケースごとに具体的な事例が挙げられています。

- オプトイン（**本人に必要事項を明示した上で同意を得る**）の場合
- オプトアウト（**必要事項を本人が容易に知り得る状態におき、本人の同意は得ない**）の場合

また、提供を受ける場合では、提供者に確認すべきことのうち、以下の二つの方法についても、具体例をあげた形での説明があり、実際にそのような業務についている方にとって、非常に参考になります。

- 本人に同意を得たことの確認方法
- 適正な方法で取得したことの確認方法

▶▶ 本ガイドラインに関連する条文

本ガイドラインに関連する、個人情報保護法の条文は以下の通りです。ただし、今回の改正で第26条の2に追加された、**個人関連情報の第三者提供の制限**に関する部分については、ガイドラインの改正が待たれます。

個人情報保護法ガイドライン（第三者提供時の確認記録義務編）に含まれる条文	
見出し	**含まれる条文**
確認・記録義務の適用対象	第2条（定義）、第23条（第三者利用の制限）、第26条（第三者提供を受ける際の確認等）
確認義務	第26条（第三者提供を受ける際の確認等）、規則第15条（第三者提供を受ける際の確認）
記録義務	第25条（第三者提供に係る記録の作成等）、第26条（第三者提供を受ける際の確認等）、規則第12条（第三者提供に係る記録の作成）、規則第13条（第三者提供に係る記録事項）、規則第16条（第三者提供を受ける際の確認に係る記録の作成）規則第17条（第三者提供を受ける際の記録事項）

第10章　個人情報保護法ガイドラインと補完的ルール

10-4
個人情報の保護に関する法律についてのガイドライン（匿名加工情報編）

個人情報保護法ガイドライン（匿名加工情報編）は、個人情報取扱事業者及び匿名加工情報取扱事業者が、匿名加工情報を取り扱う場合の、加工方法や安全管理、公表事項や第三者提供等に関する、具体的なガイドを示しています。

▶▶ 本ガイドラインの目的

本ガイドラインは、個人情報取扱事業者及び匿名加工情報取扱事業者が、匿名加工情報を取り扱う場合において、匿名加工情報の適正な取扱いを支援することや、その支援により事業者が講ずる措置が適切かつ有効に実施されることを目的として、個人情報取扱事業者の義務のうち、**匿名加工情報の取扱いに関する部分に特化**して、分かりやすく一体的に示す観点から、通則編とは別にまとめられています。

▶▶ 本ガイドラインの主な内容

個人情報保護法ガイドライン（匿名加工情報編）は、個人情報取扱事業者が、以下の場合において遵守すべき条文を対象に作られています。

- 匿名加工情報を**作成**する場合
- 匿名加工情報を**利用**する場合
- 匿名加工情報を**提供**する場合

本ガイドラインでは、まず、匿名加工情報及び匿名加工情報取扱事業者の定義を説明し、次に、**匿名加工情報を取扱う場合の義務**や、**加工方法の具体例、作成時の公表事項**や、**第三者に提供する場合の遵守事項**についても説明しています。

▶▶ 本ガイドラインのポイント

　　本ガイドラインは、事業上で、匿名加工情報を作成する、又は利用や提供を行うプロセスを持つ、個人情報取扱事業者が、その加工方法や安全管理措置などに関する実務的な対応を整理し、ルールを策定するのに役立ちます。

　　特に、匿名加工情報の加工に関しては、関連する**施行規則第19条の各項目**について、想定される加工の事例をあげて詳しく説明しており、法律と規則を一度に確認できる点でも非常に便利です。

　　また、以下の事項が含まれており、匿名加工情報を取扱う方には必携のガイドラインです。

- ■ 匿名加工情報を作成した際の公表事項
- ■ 匿名加工情報を第三者に提供する際の公表
- ■ 第三者への明示事項
- ■ 識別行為の禁止に関する説明

▶▶ 本ガイドラインに関連する条文

　　本ガイドラインに関連する条文は、個人情報保護法の第36条〜第39条、個人情報保護法の政令第6条、個人情報保護法の施行規則第19条〜23条となります。

個人情報保護法ガイドライン（匿名加工情報編）に含まれる条文	
見出し	含まれる条文
定義	第2条（匿名加工情報／匿名加工情報取扱事業者）
匿名加工情報取扱事業者の義務	第36条（匿名加工情報の作成等）、第37条（匿名加工情報の提供）、第38条（識別行為の禁止）、第39条（安全管理措置等）、政令第6条（匿名加工情報データベース等）、規則第19条（匿名加工情報の作成の方法に関する基準）、規則第20条（加工方法等情報に係る安全管理措置の基準）、規則第21条（個人情報取扱事業者による匿名加工情報の作成時における公表）、規則第22条（個人情報取扱事業者による匿名加工情報の第三者提供時における公表等）、規則第23条（匿名加工情報取扱事業者による匿名加工情報の第三者提供時における公表等）

個人情報の保護に関する法律に係るEU域内から十分性認定により移転を受けた個人データの取扱いに関する補完的ルール

この**補完的ルール**は、EU及び英国域内から十分性認定により移転を受けた個人データの取扱いに関して、個人情報保護に関する法令及びガイドラインに加えて、最低限遵守すべき規律を示しています。

▶▶ 補完的ルールの目的

個人情報保護委員会は、日本とEU間で相互の円滑な個人データ移転を図るため、**法第24条**に基づき、個人の権利利益を保護する上で**我が国と同等の水準にあると認められる個人情報の保護に関する制度を有している外国**としてEUを指定し、これにあわせて、欧州委員会は、**GDPR第45条**に基づき、日本が個人データについて十分な保護水準を確保していると決定しました。これにより、日本とEU間で、個人の権利利益を高い水準で保護した上で、相互の円滑な個人データ移転が図られることとなりますが、個人情報保護法と、**GDPR**は類似しているものの、いくつかの相違点が存在するため、その整合を図る位置づけで、**補完的ルール**が策定されました。

▶▶ 補完的ルールの主な内容

この**補完的ルール**では、GDPRとの整合を図るため、個人情報保護法に上乗せする形で、様々なルールを規定しています。それぞれの主な内容は以下の通りです。

①要配慮個人情報

EU又は英国域内から十分性認定に基づき提供を受けた個人データに、**GDPR及び英国において特別な種類の個人データと定義されている性生活、性的指向又は労働組合に関する情報**が含まれる場合には、要配慮個人情報と同様に取り扱う。

②保有個人データ

個人情報取扱事業者が、ＥＵ又は英国域内から十分性認定に基づき提供を受けた個人データについては、**消去することとしている期間にかかわらず**、保有個人データとして取り扱う。

③利用目的の特定、利用目的による制限

- 個人情報取扱事業者が、ＥＵ又は英国域内から十分性認定に基づき個人データの提供を受ける場合、ＥＵ又は英国域内から**当該個人データの提供を受ける際に特定された利用目的を含め、その取得の経緯を確認し、記録する。**

- 個人情報取扱事業者が、ＥＵ又は英国域内から十分性認定に基づき移転された個人データの提供を受けた他の個人情報取扱事業者から、当該個人データの提供を受ける場合、**当該個人データの提供を受ける際に特定された利用目的を含め、その取得の経緯を確認し、記録する。**

- 上記のいずれの場合においても、規定に基づき確認し、記録した当該個人データを、**当初又はその後提供を受ける際に特定された利用目的の範囲内で利用目的を特定し、その範囲内で当該個人データを利用する**こととする。

④外国にある第三者への提供の制限

ＥＵ又は英国域内から十分性認定に基づき提供を受けた個人データを外国にある第三者へ提供するに当たっては、次のいずれかに該当する場合を除き、**本人が同意に係る判断を行うために必要な移転先の状況についての情報を提供した上で、あらかじめ外国にある第三者への個人データの提供を認める旨の本人の同意を得る**こととする。

- 当該第三者が、個人の権利利益の保護に関して、我が国と同等の水準にあると認められる個人情報保護制度を有している国として規則で定める国にある場合

- 個人情報取扱事業者と個人データの提供を受ける第三者との間で、当該第三者による個人データの取扱いについて、適切かつ合理的な方法（契約、その他の形式の拘束力のある取決め又は企業グループにおける拘束力のある取扱い）により、本ルールを含め法と同等水準の個人情報の保護に関す

る措置を連携して実施している場合
- 第23条（第三者提供の制限）の例外事項に該当する場合

⑤匿名加工情報

　ＥＵ又は英国域内から十分性認定に基づき提供を受けた個人情報については、個人情報取扱事業者が、加工方法等情報（匿名加工情報の作成に用いた個人情報から削除した記述等及び個人識別符号並びに、加工の方法に関する情報）を削除することにより、**匿名化された個人を再識別することを何人にとっても不可能とした場合に限り、匿名加工情報とみなす**こととする。

▶▶ 補完的ルールのポイント

　本ルールは、ＥＵ域内から十分性認定により移転される**個人データを受領する個人情報取扱事業者**を拘束すると規定されており、対象となる個人情報取扱事業者はこれを遵守しなければなりません。

　そのため、ＥＵ域内との個人データの授受を行う事業者は、個人情報保護法と同様に、この補完的ルールを基に、個人データの取扱いルールを策定する必要があります。

補完的ルールの対象となる事業者

GDPRの十分性認定により
個人データを移転する場合

個人データ

欧州連合加盟国及び欧州経済領域（EEA）協定に基づき、アイスランド、リヒテンシュタイン及びノルウェーを含む、欧州連合（EU）＋英国

EU域内の取引先、支店、子会社などから、個人データの移転（第三者提供、委託、事業承継等）を受けている日本の事業者

GDPRの遵守

個人情報保護法の遵守 ＋ 補完的ルール

個人情報保護や
セキュリティに
関する制度及び規格

本章では、具体的な個人情報保護法対応を実現するために
有用な、プライバシーマーク、ISMS、プライバシー情報マネ
ジメントのような制度と、その制度に用いられる、個人情報保
護のJIS規格、情報セキュリティマネジメントの国際規格、プ
ライバシー情報マネジメントの国際規格について解説します。

11-1
プライバシーマーク制度

プライバシーマークとは、個人情報の取り扱いを適切に行っている事業者に与えられる信頼と安心のマークです。個人情報保護の仕組みを第三者が評価し、その証としてマークの使用を許諾され取引先などにアピールすることが可能になります。

▶▶ 制度の概要

プライバシーマーク制度とは、**JIPDEC（一般財団法人　日本情報経済社会推進協会）** が運営している、日本産業規格である**JIS Q 15001個人情報保護マネジメントシステム－要求事項**に適合し、個人情報について適切な保護措置を講ずる体制を整備している事業者等を評価して、その旨を示すプライバシーマークを付与し、事業活動に関してプライバシーマークの使用を認める制度を指します。

制度のねらいは、以下の二つが挙げられています。一つは、消費者の意識を高めることであり、もう一つは、取得をする事業者に対するインセンティブを提供することとなります。

- 消費者の目に見えるプライバシーマークで示すことによって、個人情報の保護に関する消費者の意識の向上を図ること
- 適切な個人情報の取扱いを推進することによって、消費者の個人情報の保護意識の高まりにこたえ、社会的な信用を得るためのインセンティブを事業者に与えること

▶▶ 制度の背景

個人情報保護に関する制度及び法制化の動きは、本書の第1章でも解説したように、情報技術の発展に伴い個人情報の属性の変化や管理するデータの大容量化によるリスクの増大が懸念され、1980年にOECD（経済協力開発機構）より、**OECDプライバシーガイドライン（プライバシー保護と個人データの流通につい**

てのガイドラインに関する理事会勧告）が発行されたことに始まります。その発行に伴い、各加盟国で法制化や制度化が行われ、わが国でも様々な検討がなされてきました。しかし、現在でこそ**個人情報保護法**が制定され、行政・民間対象の包括的な法制化が実現しましたが、それまでは、包括的な法律が存在せず、民間組織は、個人情報保護に関連するガイドラインを利用し、自主的に取り組んできました。そこで、**積極的に個人情報保護の取り組みを実施している事業者**に対し、何らかのインセンティブを提供しようと誕生したのが、このプライバシーマーク制度となります。

プライバシーマークの取得の効果

プライバシーマーク付与認定事業者

①名刺が変わる
名刺にプライバシーマークが入る
株式会社○○情報　営業　保護　太郎
今後は、プライバシーマークを取得した貴社と取引させてもらいます
他社との差別化

②会社案内・パンフレットが変わる
ホームページ・会社案内・パンフレットでプライバシーマークの付与認定をアピールする
当社では、プライバシーマークの付与認定を受けました。私達はお客様に100%ご満足頂けるサービスに努めます
ここの会社なら安心して買い物ができそう
売上増加

③アンケートが変わる
アンケートなどでプライバシーマーク付与認定をアピールする
当社は、プライバシーマークの付与認定を受けました
ここのアンケートなら安心だね
信頼の獲得

▶▶ プライバシーマーク新規申請から審査、取得まで

プライバシーマークの取得申請をするためには、**JIS Q 15001に基づく、個人情報保護マネジメントシステム**の原則に基づいた計画の作成（P）、実施（D）、点検（C）、見直し（A）というサイクル（PDCAサイクル）を、少なくとも1回以上実施して、はじめて申請が可能となります。

なお、申請から取得までの流れは、**申請書類の作成、申請、文書審査、現地審査、付与適格決定後の使用契約の締結**となります。

▶▶ 文書審査

個人情報保護マネジメントシステム（PMS）文書（内部規程・様式）に関する文書審査（書類による審査）が実施されます。なお、文書審査では、**内部規程のJIS Q 15001への適合状況**、及び**すべての従業者がJIS Q 15001に適合した内部規程を順守し、個人情報の保護を実現するための、具体的な手順、手段等の規定状況**の確認が行われます。最低限、以下に関する具体的な手順、手段等を内部規程に定めることが必要です（ただし、内部規程の構成、名称等は事業の実態を踏まえて作成されるものであり、下記のとおりの構成とする必要はありません）。

- 個人情報を特定する手順に関する規定
- 法令、国が定める指針その他の規範の特定、参照及び維持に関する規定
- 個人情報保護リスクアセスメント及びリスク対策の手順に関する規定
- 事業者の各部門及び階層における個人情報を保護するための権限及び責任に関する規定
- 緊急事態（個人情報が漏えい、滅失又はき損をした場合）への準備及び対応に関する規定
- 個人情報の取得、利用及び提供に関する規定
- 個人情報の適正管理に関する規定
- 本人からの開示等の求めへの対応に関する規定
- 教育に関する規定
- 文書化した情報の管理に関する規定
- 苦情及び相談への対応に関する規定

- 点検に関する規定
- 是正処置に関する規定
- マネジメント・レビューに関する規定
- 内部規定の違反に関する罰則の規定

　文書審査の結果は、書面で通知されます。文書審査における指摘があった場合は、現地審査までに内部規程や様式などの改善が必要です。なお、現地審査時には、その改善状況が確認されます。

▶▶ 現地審査

　文書審査が終了すると、現地審査を受審します。目的は、個人情報保護マネジメントシステムのとおりに体制が整備され、運用しているかなどについて確認するために行うものであり、トップインタビュー、運用状況の確認、現場での実施状況の確認、総括（指摘事項の報告など）が行われます。

プライバシーマークの現地審査の概要	
トップインタビュー	事業者の代表へのインタビュー ・事業内容、経営方針等について ・個人情報に関する事故の有無 ・申請動機や個人情報保護の目的 ・個人情報保護方針について ・個人情報保護のための人的資源（体制）について ・マネジメントレビュー ・PMSの継続的な改善について
個人情報保護マネジメントシステムの運用状況の確認	・実際の個人情報保護マネジメントシステムの運用状況の確認（事業内容のヒアリング、個人情報の特定やリスクアセスメント、リスク対策および安全管理措置等の状況確認） ・従業者の教育や内部監査等の実施状況の確認
現場での実施状況の確認	・個人情報を実際に取扱っている執務室や作業場等で、事業者が講じている安全管理措置の実施状況の確認
総括	・指摘事項の確認と説明

11-2
JIS Q 15001

プライバシーマークの審査基準であるJIS Q 15001は、**個人情報保護マネジメ ントシステムに関する要求事項**を規定した、JIS規格（日本産業規格）です。

▶▶ JIS Q 15001とは

個人情報保護に関するルールや制度を確立するための規格である、JIS Q 15001は、初版が1999年に発行され、2006年、2011年、2017年と、個人 情報の保護に関する法律の改正などに合わせて、改訂されてきました。現行版は、 **JIS Q 15001:2017**となります。

なお、**JIS Q 15001:2017**が規定する個人情報保護マネジメントシステムと は、個人情報保護に関する体制を整備（方針の策定、責任権限の明確化、資源配分・ 手順の文書化など）し、定められたとおり実行（個人情報の適切な取扱い、安全対策、 本人との適切なコミュニケーション）し、定期的に確認（点検や内部監査）を行い、 継続的に改善を行うための体系的な管理の仕組みを指します。

この管理の原則は、品質マネジメントシステムの国際規格である**ISO 9001**や 環境マネジメントシステムの国際規格である**ISO 14001**、情報セキュリティマネ ジメントシステムの国際規格である**ISO/IEC 27001**と同様の考え方を取り入れ ており、Plan（計画）・Do（実行）・Check（確認）・Act（見直し）の活動を通じて、 管理の仕組みをスパイラルアップさせることを基本としています。

▶▶ JIS Q 15001の規格要求事項の構成

規格要求事項とは、事業者が適切な個人情報保護を実現するために必要な、管 理の仕組み（個人情報保護マネジメントシステム）を構築するために実現しなく てはならない基本事項を指します。規格の構成は、箇条0序文、箇条1適用範囲、 箇条2引用規格、箇条3用語及び定義と章立てされており、規格の要求事項は、箇 条4から箇条10までとなっています。

　なお、**箇条4　組織の状況**、**箇条5　リーダーシップ**、**箇条6　計画**、**箇条7　支援**が、PDCAのPlanに関する規格要求事項であり、**箇条8　運用**が、PDCAのDoに関する規格要求事項にあたります。

　また、**箇条9　パフォーマンス評価**が、PDCAのCheckの規格要求事項であり、**箇条10　改善**が、PDCAのActの規格要求事項にあたります。

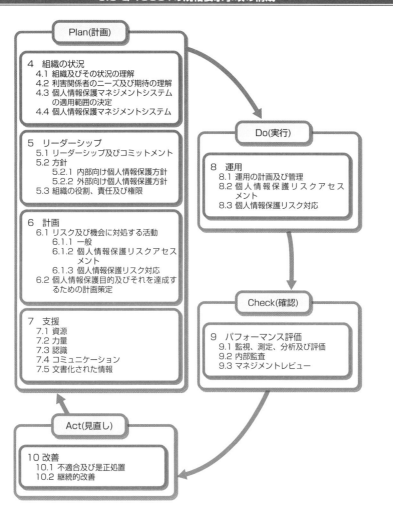

JIS Q 15001の規格要求事項の構成

第11章 個人情報保護やセキュリティに関する制度及び規格

▶▶ 附属書

　JIS Q 15001:2017には、**附属書A（規定）管理目的及び管理策**、**附属書B（参考）管理策に関する補足**、**附属書C（参考）安全管理措置に関する管理目的及び管理策**、**附属書D（参考）新旧対応表**の、4つの附属書が含まれています。

　このうち最も重要なのが、**附属書A（規定）管理目的及び管理策**であり、個人情報保護リスクアセスメントの結果で決定される管理策の見落としがないかを検証するために用いられます。具体的には、**個人情報保護のための管理策、及びそれらを管理するための個人情報保護マネジメントシステムを補完するための管理策**が規定されています。

　なお、附属書Aの内容は、以下のとおりです。

- A.3.1　一般
- A.3.2　個人情報保護方針
- A.3.3　計画
- A.3.4　実施及び運用
- A.3.5　文書化した情報
- A.3.6　苦情及び相談への対応
- A.3.7　パフォーマンス評価
- A.3.8　是正処置

　このうち、個人情報保護法を反映した管理策が規定されているのが、**A.3.4実施及び運用**であり、以下のような個人情報保護に関する固有の管理策が規定されています。

- A.3.4.2　取得、利用及び提供に関する原則
- A.3.4.3　適正管理
- A.3.4.4　個人情報に関する本人の権利

　また、**A.3.3　計画**には、個人データの安全管理を確実にするための、個人情報の特定やリスクマネジメント（リスクアセスメントとリスク対応）に関する管理

策や、個人情報保護マネジメントシステムの体制やルール制度を確立するための管理策が規定されています。

- ■ A.3.3.1　個人情報の特定
- ■ A.3.3.2　法令、国が定める指針その他の規範
- ■ A.3.3.3　リスクアセスメント及びリスク対策
- ■ A.3.3.4　資源、役割、責任及び権限
- ■ A.3.3.5　内部規程
- ■ A.3.3.6　計画策定
- ■ A.3.3.7　緊急事態への準備

JIS Q 15001:2017の附属書A

個人情報保護のための管理策、及びそれらを管理するための個人情報保護
マネジメントシステムを補完するための管理策を規定

JIS Q 15001:2017
附属書A

- A.3.1　一般
- A.3.2　個人情報保護方針
- A.3.3　計画
- A.3.4　実施及び運用
- A.3.5　文書化した情報
- A.3.6　苦情及び相談への対応
- A.3.7　パフォーマンス評価
- A.3.8　是正処置

- A.3.4.2 取得、利用及び提供に関する原則
- A.3.4.3 適正管理
- A.3.4.4 個人情報に関する本人の権利

第11章　個人情報保護やセキュリティに関する制度及び規格

11-3
ISMS適合性評価制度

事業者の情報セキュリティの管理体制を評価し、認証する制度が、ISMS適合性評価制度となります。

▶▶ 制度の概要

ISMS適合性評価制度とは、**ISO（国際標準化機構）**の認定及び認証に関するルールに基づき運営されている、**情報セキュリティマネジメントシステム（ISMS）**の認証に関する制度を指します。事業者を審査する認証基準は、情報セキュリティマネジメントシステムの国際規格である**ISO/IEC 27001**が用いられます。

なお、認定・認証制度を担う機関には、**認定機関、審査登録機関（認証機関）、審査員登録機関、審査員研修機関**があります。

ISOマネジメントシステムの認定機関は、基本的に1カ国に1つあります。イギリスであれば**UKAS（英国認証機関認定審議会）**、アメリカであれば**ANAB（米国適合性認定機関）**が認定機関にあたります。国内のISO/IEC 27001の認定機関は、**JAB（公益財団法人　日本適合性認定協会）**と**ISMS-AC（情報マネジメントシステム認定センター）**になります。これらの**認定機関が審査登録機関（認証機関）**に対して認定審査を行い、審査を行うに足るだけの能力（適切に審査を行う仕組みがあるか？　必要な力量を満たした審査員が確保され管理されているか？　など）があるかどうかを認定審査によって確認し認定を行います。この認定審査を行うための審査の基準は、**ISO（国際標準化機構）**と**IEC（国際電機標準会議）**で決められた基準（**ISO/IEC17021　適合性評価−マネジメントシステムの審査及び認証を提供する機関に対する要求事項**）と関連の規格やガイダンスに基づきます。

▶▶ 審査登録機関（認証機関）

ISMS-ACから認定を受けたISO/IEC27001の審査登録機関（認証機関）は、2020年12月現在で27機関です。JABから認定を受けたISO/IEC27001の審査登録機関（認証機関）は1機関です。

審査登録機関（認証機関）の役割は、認証取得を希望する事業者に審査を行い、認証登録することです。

▶▶ 審査員登録機関（要員認証機関）

審査員登録機関（要員認証機関）の役割は、審査員研修機関を認定することと、認定された審査員研修機関の審査員研修コースを卒業し、必要な力量を満たした要員を審査員として登録することです。

▶▶ 審査員研修機関

審査員研修機関は、審査員登録機関から研修機関としての認定を受け、開発した審査員研修コースの承認を受けた機関です。その役割は、承認された審査員研修コースを提供することです。

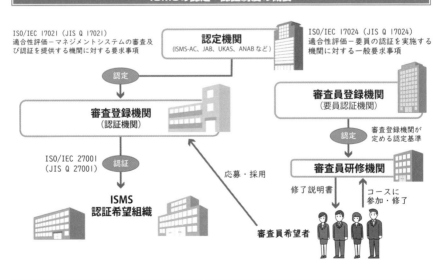

ISMSの認定・認証制度の概要

▶▶ 認証取得に必要なこと

　ISO/IEC27001に基づく情報セキュリティマネジメントシステムの認証取得を実現するためには、ISO/IEC27001の規格要求事項の理解、ISMS推進体制の確立、ISMSの構築手法の理解と決定、ISMSの構築、運用、ISMS内部監査の実施とマネジメントレビューの実施、第三者認証機関からの認証審査の受審となります。

▶▶ 構築及び運用

　一般的に、情報セキュリティマネジメントシステムを構築する際には、ISMS管理責任者とISMS推進チームを中心とした推進プロジェクトを立ち上げて実施するケースが多いようです。メンバーは、各部門から選出された代表者によって構成され、構築、導入を進めていきます。なお、最初のステップは、ISO/IEC27001の規格要求事項や附属書Aの管理目的及び管理策を推進メンバーが正しく理解することです。手段としては、メンバーによる勉強会の開催や、外部の専門研修への参加、コンサルタントの利用などが考えられます。規格要求事項を正しく理解した後は、構築作業を実施します。

▶▶ 審査の受審

　構築作業にめどがたった段階で、ISO/IEC27001の審査が可能な認証機関との契約と審査の計画に関する打ち合わせを行います。ISO/IEC27001の初回認証に必要な審査は、情報セキュリティマネジメントシステムの枠組みとシステム文書の構築状態を確認する審査である**第1段階審査**と情報セキュリティマネジメントシステムの実施状況を確認する審査の**第2段階審査**になります。

▶▶ 第1段階審査

　第1段階審査は、原則的に審査対象組織のサイトで実施されます。正式な認証審査の最初のステップであり、その審査結果が記載される報告書は認証の可否の判断に使用されます。致命的なシステムの欠陥（重大な不適合）が存在した場合は第2段階審査へ移行できないこともありえます。なお、**第1段階審査**は、適切にリスクアセスメントが実施され、ISMSの枠組みが確立されているか、また必要な文書が作成されており、ISO/IEC27001の規格要求事項に適合しているかを確認

することが審査の主となる目的です。したがって、ISMS管理責任者や推進事務局のメンバーへのインタビューが中心となります。

審査の終了後に報告書によって結果が報告されます。なお、第1段階の審査報告書は、不適合や改善の機会の他に、第2段階審査の実施可否について記述されます。

▶▶ 第2段階審査

第2段階審査の目的は、構築したISMSが実際に運用され、ISO/IEC27001の規格要求事項への適合と組織の情報セキュリティ方針、目的にかなった仕組みであることを確認することです。

第2段階審査は、第1段階で得られた情報をもとに、ISMSの各プロセスのそれぞれに関係が深い部門を特定し、効果的なサンプリングによる審査が計画され実施されます。審査チームは、**第2段階審査**の終了後に報告書によって結果の報告を行います。なお、第2段階の審査報告書は、不適合や改善の機会の他に、認証の推薦の可否について記述されます。

審査で不適合がなく、又は不適合の是正処置が適切に実施された場合は、審査チームは、認証推薦を行い、その結果に基づき認証取得ができます。

ISMSの認証審査の概要		
	第 1 段階審査	**第 2 段階審査**
審査のねらい	・情報セキュリティマネジメントシステムの構築状態を確認する審査	・情報セキュリティマネジメントシステムの実施状況を確認する審査
審査の対象	・ISMS の適用範囲 ・情報セキュリティ方針 ・ISMS 文書 ・重要なマネジメントシステムのフレームワークに関する記録（リスクアセスメントの結果、教育訓練や認識向上プログラムの結果、内部監査やマネジメントレビューの結果など）	・ISMS の運用状況（インタビューや観察、手順書・記録によって確認）
受審対象者	・主として、ISMS 管理責任者、ISMS の推進事務局のメンバー、ISMS 内部監査チーム及びトップマネジメント	・左記に加え各部門の責任者だけでなく、手順や管理策を実行している各スタッフ
審査報告書の内容	・発見された不適合や改善の機会、及び第二段階審査の実施可否	・発見された不適合や改善の機会、及び認証の推薦の可否

11-4
ISO/IEC 27001

ISMSの審査基準であるISO/IEC 27001は、情報セキュリティマネジメントシステムに関する要求事項を規定した、ISO規格（国際規格）です。

▶▶ ISO/IEC 27001とは

情報セキュリティに関するルールや制度を確立するための規格である、ISO/IEC 27001は、初版が2005年に発行され、2013年に、ISO（国際標準化機構）のルールに基づき、見直しされ、改訂されてきました。現行版は、**ISO/IEC 27001:2013**となります。また、この規格は、JIS化され、**JIS Q 27001:2014**として発行されています。

なお、**ISO/IEC 27001:2013**が規定する情報セキュリティマネジメントシステムとは、情報セキュリティに関する体制を整備（方針の策定、責任権限の明確化、資源配分・手順の文書化など）し、定められたとおり実行（情報セキュリティ対策の実施）し、定期的に確認（点検や内部監査）を行い、継続的に改善を行うための体系的な管理の仕組みを指します。

この管理の原則は、前述した、個人情報保護マネジメントシステムのJIS規格である**JIS Q 15001**と同様の考え方を取り入れており、Plan（計画）・Do（実行）・Check（確認）・Act（見直し）の活動を通じて、管理の仕組みをスパイラルアップさせることを基本としています。

▶▶ ISO/IEC 27001の規格要求事項の構成

規格要求事項とは、事業者が適切な情報セキュリティを実現するために必要な、管理の仕組み（情報セキュリティマネジメントシステム）を構築するために実現しなくてはならない基本事項を指します。規格の構成は、箇条0 序文、箇条1 適用範囲、箇条2 引用規格、箇条3 用語及び定義と章立てされており、規格の要求事項は、箇条4から箇条10までとなっています。

なお、**箇条4　組織の状況**、**箇条5　リーダーシップ**、**箇条6　計画**、**箇条7
支援**が、PDCAのPlanに関する規格要求事項であり、**箇条8　運用**が、PDCAの
Doに関する規格要求事項にあたります。

また、**箇条9　パフォーマンス評価**が、PDCAのCheckの規格要求事項であり、
箇条10　改善が、PDCAのActの規格要求事項にあたります。

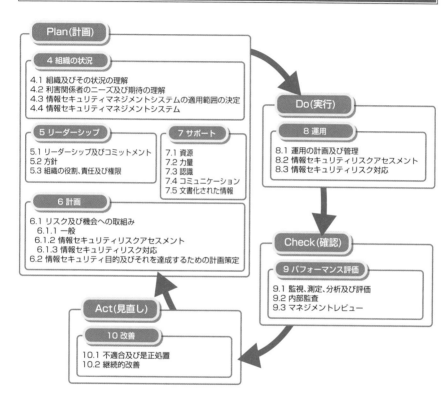

ISO/IEC 27001の規格要求事項の構成

Plan(計画)

4 組織の状況
4.1 組織及びその状況の理解
4.2 利害関係者のニーズ及び期待の理解
4.3 情報セキュリティマネジメントシステムの適用範囲の決定
4.4 情報セキュリティマネジメントシステム

5 リーダーシップ
5.1 リーダーシップ及びコミットメント
5.2 方針
5.3 組織の役割、責任及び権限

7 サポート
7.1 資源
7.2 力量
7.3 認識
7.4 コミュニケーション
7.5 文書化された情報

6 計画
6.1 リスク及び機会への取組み
　6.1.1 一般
　6.1.2 情報セキュリティリスクアセスメント
　6.1.3 情報セキュリティリスク対応
6.2 情報セキュリティ目的及びそれを達成するための計画策定

Do(実行)

8 運用
8.1 運用の計画及び管理
8.2 情報セキュリティリスクアセスメント
8.3 情報セキュリティリスク対応

Check(確認)

9 パフォーマンス評価
9.1 監視、測定、分析及び評価
9.2 内部監査
9.3 マネジメントレビュー

Act(見直し)

10 改善
10.1 不適合及び是正処置
10.2 継続的改善

▶▶ ISO/IEC 27001の附属書Aとは

ISO/IEC 27001の**附属書A（規定）管理目的及び管理策**は、情報セキュリティ
リスクアセスメントの結果で特定された、リスクを低減するための、達成すべきこ
とを記述した管理目的、及び管理目的を達成するために適用できる1つ以上の管理

策が記載されています。

　なお、管理目的及び管理策は、14項目、35の管理目的、114の管理策が規定されています。

- A.5　情報セキュリティのための方針群
- A.6　情報セキュリティのための組織
- A.7　人的資源のセキュリティ
- A.8　資産の管理
- A.9　アクセス制御
- A.10　暗号
- A.11　物理的及び環境的セキュリティ
- A.12　運用のセキュリティ
- A.13　通信のセキュリティ
- A.14　システムの取得、開発及び保守
- A.15　供給者関係
- A.16　情報セキュリティインシデント管理
- A.17　事業継続マネジメントにおける情報セキュリティの側面
- A.18　順守

▶▶ リスク対応と附属書Aの用途

　ISO/IEC 27001:2013では、リスクアセスメントの結果を考慮し、リスク対応の選択肢を決定することを求めています。なお、リスク対応の選択肢は、以下の4つとなります。

- リスクの受容
- リスクの低減
- リスクの除去
- リスクの移転

　次に、リスク低減が必要と判断されたリスクに対する具体的なリスク管理策を決

定します。その後、決定したリスク管理策を、**附属書Aに規定された管理策**と比較し、必要な管理策が見落とされていないことを検証することが求められています。

したがって、附属書Aは、管理目的と管理策の包括的なリストであり、あくまでも、必要な管理策の見落としがないことを確実にするために、この附属書Aを参照することが意図されています。

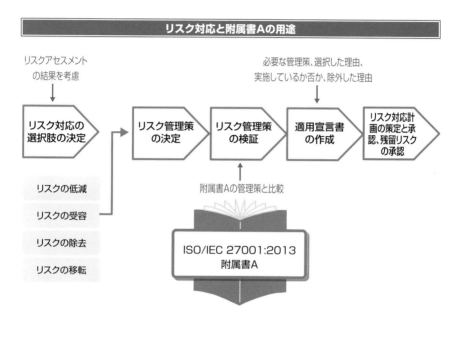

リスク対応と附属書Aの用途

リスクアセスメント
の結果を考慮

必要な管理策、選択した理由、
実施しているか否か、除外した理由

| リスク対応の選択肢の決定 | リスク管理策の決定 | リスク管理策の検証 | 適用宣言書の作成 | リスク対応計画の策定と承認、残留リスクの承認 |

リスクの低減

リスクの受容

リスクの除去

リスクの移転

附属書Aの管理策と比較

ISO/IEC 27001:2013
附属書A

11-5
ISMS-PIMS認証

前述したISMSの認証に、プライバシー情報マネジメントのISO/IEC 27701を
アドオン認証する制度が、ISMS-PIMS認証制度となります。

▶▶ 制度の概要

ISMS-PIMS認証とは、国内のISMS認定機関である、**ISMS-AC（情報マネジ
メントシステム認定センター）**が2021年1月から開始する、プライバシー情報マ
ネジメントシステムの国際規格である、**ISO/IEC 27701**の認証制度となります。

基本的には、ISMSの認証の拡張という形で認証され、同様なスキームとして、
ISMSクラウドセキュリティ認証制度があります（ISMSの認証の拡張として、ク
ラウドセキュリティの国際規格である**ISO/IEC 27017**の認証を行う）。

▶▶ ISO/IEC 27701

ISO/IEC 27701は、表題を**プライバシー情報マネジメントのためのISO/IEC
27001及びISO/IEC 27002への拡張－要求事項及び指針**とし、ISO（国際標
準化機構）として初のプライバシー情報マネジメントに関する国際規格です。

なお、規格の構成は、以下の通りです。

- 箇条1　適用範囲
- 箇条2　引用規格
- 箇条3　用語，定義及び略語
- 箇条4　一般
- 箇条5　ISO/IEC 27001に関連するPIMS固有の要求
- 箇条6　ISO/IEC 27002に関連するPIMS固有の手引
- 箇条7　PII管理者のためのISO/IEC 27002の追加の手引
- 箇条8　PII処理者のためのISO/IEC 27002の追加の手引

- 附属書A(規定)　PIMS固有の参照管理目的及び管理策(PII管理者)
- 附属書B(規定)　PIMS固有の参照管理目的及び管理策(PII処理者)
- 附属書C(参考)　I3O/IEC 29100への対応付け
- 附属書D(参考)　一般データ保護規則への対応付け
- 附属書E(参考)　ISO/IEC 27018及びISO/IEC 29151への対応付け
- 附属書F(参考)　ISO/IEC 27701をISO/IEC 27001及びISO/IEC 27002に適用する方法
- 参考文献

ISMS-PIMSの認定・認証制度の概要

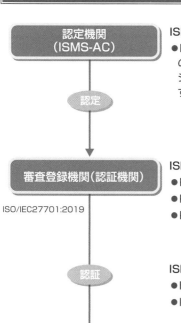

ISMS-PIMS認証の概要
- ISMSを認証取得している企業が、ISO/IEC 27701の要求事項に基づいたプライバシー情報マネジメントシステム(PIMS)を構築し、運用している組織を認証する仕組み。

ISMS-PIMS認証の対象
- PII管理者(個人情報を本人から直接取得する事業者)
- PII処理者(個人情報を顧客から委託される事業者)
- PII管理者&PII処理者

ISMS-PIMS認証の適用範囲
- ISMSの適用範囲の一部
- ISMSの適用範囲と同一

第11章　個人情報保護やセキュリティに関する制度及び規格

　このうち、認証基準となる規格要求事項は、**箇条5　ISO/IEC 27001に関連するPIMS固有の要求**、**附属書A(規定)　PIMS固有の参照管理目的及び管理策(PII管理者)**、及び**附属書B(規定)　PIMS固有の参照管理目的及び管理策(PII処理者)**となります。

　箇条5　ISO/IEC 27001に関連するPIMS固有の要求は、ISMS規格のISO/IEC 27001の箇条4〜箇条5に、プライバシー情報マネジメントに必要な要求事項が追加されています。

　また、**PIMS固有の参照管理目的及び管理策(PII管理者)**は、**PII管理者**が実施すべき、プライバシー情報マネジメントに必要な管理策が規定されています。PII管理者とは、**個人情報の処理の目的および手段を決定する者**と定義されており、個人情報の本人から、個人情報を取得し、事業の用に供する組織を指します。

　また、**附属書B(規定)　PIMS固有の参照管理目的及び管理策(PII処理者)**は、PII処理者が実施すべき、プライバシー情報マネジメントに必要な管理策が規定されています。PII処理者とは、**PII管理者に代わって、個人情報を処理する者**と定義されており、PII管理者である事業者から、個人情報の処理の委託を受ける組織を指します。

　したがって、この認証は、以下の種類の事業者が認証を取得することが可能です。

- 個人情報を本人から取得し、自らの組織のみで個人データの処理を行う組織：ISO/IEC 27701の箇条5及び附属書A及びBを適用
- 個人情報を本人から取得し、個人データの処理を全て委託している組織：ISO/IEC 27701の箇条5及び附属書Aを適用
- 個人データの処理の委託を受けている組織：ISO/IEC 27701の箇条5及び附属書Bを適用

第**12**章

個人情報保護に関する
サンプル文例集

具体的な個人情報保護法対応の準備に参考となる文例集です。この章では、個人情報取扱規程、個人情報開示規程、個人情報安全管理規程、個人データ漏えい等の発生時の対応規程、個人情報の取り扱いに関する苦情対応規程と関連する書式のサンプルを掲載しています。

図解入門
How-nual

12-1

個人情報取扱規程

個人情報の保護に関する法律に基づく、個人情報の取得、利用及び提供に関する手順を規定したものが、**個人情報取扱規程**になります。

▶▶ 対象となる個人情報保護法の条項

本「個人情報取扱規程」の対象となる個人情報保護法の条項は、以下のとおりとなります。

- 第15条　利用目的の特定
- 第16条　利用目的による制限
- 第16条の二　不適正な利用の禁止
- 第17条　適正な取得
- 第18条　取得に際しての利用目的の通知等
- 第23条　第三者提供の制限
- 第24条　外国にある第三者への提供の制限
- 第25条　第三者提供に係る記録の作成等
- 第26条　第三者提供を受ける際の確認等
- 第26条の二　個人関連情報の第三者提供の制限等

▶▶ サンプル規程の解説

本「個人情報取扱規程」では、個人情報の取得、利用、提供に関連する手順をまとめて、章立てしています。

個人情報の取得、利用、提供の場面において、誰がどのように、どんな様式を使って対応するかを明確にすることがポイントとなります。

特に個人情報の第三者提供に関しては、法令で定められた手続きを盛り込んだ手順であることが必要になります。

個人情報取扱規程

個人情報取扱規程

Ver. 1.0
文書番号：PM-M00x

初版制定日：YYYY 年 MM 月 DD 日

最終改訂日：　　　年　　月　　日

承認	審査	起案

文書番号:PM-M00x	個人情報取扱規程	初版制定日:YYYY 年 MM 月 DD 日
Ver. 1.0		最終改訂日: 年 月 日

I 目的

　本『個人情報取扱規程』は、個人情報保護に関する法律に基づく、個人情報の取得、利用及び提供に関する手順を規定したものである。

II 改訂履歴

日付	改訂内容及び改訂理由	文書の承認		
		承認	審査	起案
YYYY/MM/DD	初版制定			

文書番号：PM-M00x	個人情報取扱規程	初版制定日：YYYY 年 MM 月 DD 日
Ver. 1.0		最終改訂日：　　　年　　月　　日

III. 個人情報の取得、利用及び提供の管理

1. 全般

（1）目的

① 個人情報の適正な取得、目的外利用の防止及び適法な第三者への提供を確実にするために、個人情報の取得、利用及び提供に関する手順を定める。

2. 個人情報の取得

（1）利用目的の特定

① 原則

　a　当社は、取扱う個人情報の利用目的をできる限り特定し、その目的の達成に必要な範囲内において取扱うものとする。

　b　当社は、利用目的の特定にあたり、取得した情報の利用及び提供によって本人の受ける影響を予測できるよう、その利用及び提供の範囲を可能な限り具体的に明らかにする。

② 手順

　a　○○は、当社で取扱う各個人情報の利用目的を、「個人情報管理基準一覧表」に規定しなければならない。

　b　「個人情報管理基準一覧表」に規定された、各個人情報の利用部門は、上記の利用目的を超えた、個人情報の利用を行ってはならない。

　c　「個人情報管理基準一覧表」に規定された、利用部門以外の部門は、個人情報を利用してはならない。

（2）適正な取得

① 原則

　a　当社は、自社で取扱う個人情報を、利用目的の範囲内において、適法かつ公正な手段によって取得するために、その方法を決定する。

② 手順

　a　○○は、当社で取扱う各個人情報の、取得を許可された部門又は担当者及び取得方法を、「個人情報管理基準一覧表」に規定しなければならない。

　b　「個人情報管理基準一覧表」に規定された各個人情報の取得部門は、「個人情報管理基準一覧表」に規定された以外の方法で、個人情報の取得を行ってはならない。

　c　「個人情報管理基準一覧表」に規定された取得部門以外の部門は、個人情報を取得してはならない。

文書番号：PM-M00x	個人情報取扱規程	初版制定日：YYYY 年 MM 月 DD 日
Ver. 1.0		最終改訂日：　　年　　月　　日

(3) 要配慮個人情報の取得

① 原則

　a　当社は、下記の事項に該当しない場合は、本人の同意を得ず、要配慮個人情報の取得、利用及び提供を行ってはならない。

　　－　法令に基づく場合

　　－　人の生命、身体又は財産の保護のために必要がある場合であって、本人の同意を得ることが困難な場合

　　－　公衆衛生の向上又は児童の健全な育成の推進のために特に必要がある場合であって、本人の同意を得ることが困難な場合

　　－　国の機関若しくは地方公共団体又はその委託を受けた者が法令の定める事務を遂行することに対して協力する必要がある場合であって、本人の同意を得ることによって当該事務の遂行に支障を及ぼすおそれがあるとき

　　－　その他、個人情報取扱事業者の義務などの適用除外とされている者及び個人情報保護委員会規則で定めた者によって公開された要配慮個人情報、又は政令で定められた要配慮個人情報であるとき

　b　要配慮個人情報とは、「本人の人種、信条、社会的身分、病歴、犯罪の経歴、犯罪により害を被った事実その他本人に対する不当な差別、偏見その他の不利益が生じないようにその取扱いに特に配慮を要するものとして政令で定める記述等が含まれる個人情報」を指し、以下のものを含む。

　　－　身体障害、知的障害、精神障害（発達障害を含む。）その他の個人情報保護委員会規則で定める心身の機能の障害があること。

　　－　本人に対して医師等により行われた健康診断その他の検査の結果

　　－　健康診断等の結果に基づき又は疾病、負傷その他の心身の変化を理由として、本人に対して医師等により心身の状態の改善のための指導又は診療若しくは調剤が行われたこと。

　　－　本人を被疑者又は被告人として、逮捕、捜索、差押え、勾留、公訴の提起その他の刑事事件に関する手続が行われたこと。

　　－　本人を少年法（昭和 23 年法律第 168 号）第 3 条第 1 項に規定する少年又はその疑いのある者として、調査、観護の措置、審判、保護処分その他の少年の保護事件に関する手続が行われたこと。

　c　当社は、当社で取扱う要配慮個人情報を明確にし、その利用目的及び取得の同意の必要性を決定しなければならない。

② 手順

　a　○○は、当社で取扱う要配慮個人情報、書面による同意の方法又は同意を割愛できる法的根

4

文書番号：PM-M00x	個人情報取扱規程	初版制定日：YYYY 年 MM 月 DD 日
Ver. 1.0		最終改訂日：　　年　　月　　日

拠等、取得部門、利用目的、利用範囲、利用部門及び提供に関する事項を、「要配慮個人情報管理基準一覧表」に規定する。

b 「要配慮個人情報管理基準一覧表」に規定された、要配慮個人情報の取得及び利用部門は、「要配慮個人情報管理基準一覧表」に規定された以外の方法で、要配慮個人情報の取得及び利用を行ってはならない。

c 「要配慮個人情報管理基準一覧表」に規定された取得及び利用部門以外の部門は、要配慮個人情報を取得してはならない。

(4) 個人情報を取得した場合の措置

① 原則

a 当社は、個人情報を取得した場合は、あらかじめその利用目的を公表している場合を除き、速やかにその利用目的を本人に通知するか、又は公表する。

ただし、以下のいずれかに該当する場合は本人への利用目的の通知又は公表は要しない。

　　　a) 利用目的を本人に通知するか、又は公表することによって本人又は第三者の生命、身体、財産その他の権利利益を害するおそれがある場合

　　　b) 利用目的を本人に通知するか、又は公表することによって当社の権利又は正当な利益を害するおそれがある場合

　　　c) 国の機関又は地方公共団体が法令の定める事務を遂行することに対して協力する必要がある場合であって、利用目的を本人に通知するか、又は公表することによって当該事務の遂行に支障を及ぼすおそれがある場合

　　　d) 取得の状況からみて利用目的が明らかであると認められる場合

② 手順

a ○○は、上記(4)-①a)~d)に該当しない場合の、利用目的を本人に通知又は公表する方法を、「個人情報管理基準一覧表」に規定しなければならない。

b 「個人情報管理基準一覧表」に規定された各個人情報の取得部門は、「個人情報管理基準一覧表」に規定された方法により利用目的を本人に通知するか、又は公表しなければならない。

(5) 上記の (4) のうち、本人から直接書面によって取得する場合の措置

① 原則

a 当社は、書面（電子的方式、磁気的方式など人の知覚によっては認識できない方法で作られる記録を含む。以下、同じ。）に記載された個人情報を直接取得する場合には、以下に示す事項を、あらかじめ書面によって本人に明示し、書面によって本人の同意を得る。

　　i. 当社の名称

5

文書番号：PM-M00x		個人情報取扱規程	初版制定日：YYYY 年 MM 月 DD 日
Ver. 1.0			最終改訂日：　　年　　月　　日

    ii.　〇〇の職名、所属及び連絡先

    iii.　利用目的

    iv.　個人情報を第三者に提供することが予定される場合の事項

      - 第三者に提供する目的
      - 提供する個人情報の項目
      - 提供の手段又は方法
      - 当該情報の提供を受ける者又は提供を受ける者の組織の種類、及び属性
      - 個人情報の取扱いに関する契約がある場合はその旨

    v.　個人情報の取扱いの委託が予定される場合には、その旨

    vi.　JIS Q 15001:2017 の附属書 A の A.3.4.4.4〜A.3.4.4.7 に該当する場合には、その請求等に応じる旨及び問合せ窓口

    vii.　本人が個人情報を与えることの任意性及び当該情報を与えなかった場合に本人に生じる結果

    viii.　本人が容易に知覚できない方法によって個人情報を取得する場合には、その旨

ただし、人の生命、身体若しくは財産の保護のために緊急に必要がある場合、又は(4)-①個人情報を取得した場合の措置（JIS Q 15001:2017 の附属書 A の A.3.4.2.4）のただし書き a)〜d)のいずれかに該当する場合は、本人への明示や同意を得ることを不要とする。

② 手順

  a　〇〇は、上記(5)-①のただし書き又は(4)-①の a)〜d)に該当しない場合で、本人から書面にて個人情報を取得する場合の、通知及び同意の方法を、「個人情報管理基準一覧表」に規定しなければならない。

  b　「個人情報管理基準一覧表」に規定された各個人情報の取得部門は、「個人情報管理基準一覧表」に規定された方法により、本人に通知し、同意を得なければならない。

6

文書番号:PM-M00x	個人情報取扱規程	初版制定日：YYYY 年 MM 月 DD 日
Ver. I.0		最終改訂日：　　年　　月　　日

3. 個人情報の利用

(1) 利用に関する措置

① 原則

a　当社は、違法又は不当な行為を助長し、又は誘発するおそれがある方法によって、個人情報を利用することを禁止する。

b　当社は、特定した利用目的の達成に必要な範囲内で個人情報を利用する。

c　特定した利用目的の達成に必要な範囲を超えて個人情報を利用する場合は、あらかじめ 2.-(5)の i ～ vi に示す事項又はそれと同等以上の内容の事項を本人に通知し、本人の同意を得る。ただし、2.-(3)の b のいずれかに該当する場合は、本人の同意は不要とする。

③ 手順

a　○○は、各個人情報の利用範囲（利用する具体的な業務）を、「個人情報管理基準一覧表」に規定しなければならない。

b　「個人情報管理基準一覧表」に規定された各個人情報の利用部門は、「個人情報管理基準一覧表」に規定された利用範囲（利用する具体的な業務）内で個人情報を利用しなければならない。

c　「個人情報管理基準一覧表」に規定された利用部門以外の部門は、個人情報を利用してはならない。

d　○○は、特定した利用目的の達成に必要な範囲を超えて個人情報を利用する必要性が発生した場合、その妥当性を検証し、「個人情報管理基準一覧表」を更新し、取得部門に、本規程のⅢ-2.-(5)-①の i ～ vi の内容を含んだ、利用目的の変更に関する通知及び同意の取得を指示しなければならない。

(2) 本人に連絡又は接触する場合の措置

① 原則

a　当社は、個人情報を利用して本人に連絡又は接触する場合には、本人に対して 2.-(5)-①の i ～ vi に示す事項又はそれと同等以上の内容の事項、及び取得方法を通知し、本人の同意を得る。ただし、次のいずれかに該当する場合は、本人への通知及び本人からの同意は不要とする。

i.　(5)-①の i ～ vi に示す事項又はそれと同等以上の内容の事項を明示又は通知し、既に本人の同意を得ているとき

ii.　個人情報の取り扱いの全部又は一部を委託された場合であって、当該個人情報を、その利用目的の達成に必要な範囲内で取扱うとき

iii.　合併その他の事由による事業の承継に伴って個人情報が提供され、個人情報を提供する

7

文書番号:PM-M00x	個人情報取扱規程	初版制定日：YYYY 年 MM 月 DD 日
Ver. 1.0		最終改訂日：　　年　　月　　日

組織が、既に 2.-(5)-①の i～viに示す事項又はそれと同等以上の内容の事項を明示又は通知し、本人の同意を得ている場合であって、承継前の利用目的の範囲内で当該個人情報を取扱うとき

iv.　個人情報が特定の者との間で共同して利用され、共同して利用する者が、既に 2.-(5)-①の i～viに示す事項又はそれと同等以上の内容の事項を明示又は通知し、本人の同意を得ている場合であって、次に示す事項又はそれと同等以上の内容の事項を、あらかじめ、本人に通知するか、又は本人が容易に知り得る状態に置いているとき（以下、"共同利用"という。）

- 共同して利用すること
- 共同して利用される個人情報の項目
- 共同して利用する者の範囲
- 共同して利用する者の利用目的
- 共同して利用する個人情報の管理について責任を有する者の氏名又は名称、住所、代表者名
- 取得方法

v.　2.-(4)の d)に該当するため、利用目的などを本人に明示、通知又は公表することなく取得した個人情報を利用して、本人に連絡又は接触するとき

vi.　2.-(3)のただし書き b のいずれかに該当する場合

② 手順

a　○○は、上記 i～viのいずれかに該当しない場合で、取得している個人情報を利用して本人に連絡又は接触する場合の、事前の通知及び同意の方法を、「個人情報管理基準一覧表」に規定しなければならない。

b　「個人情報管理基準一覧表」に規定された各個人情報の利用部門は、個人情報管理基準一覧表」に規定された方法により必要事項を本人に通知し、本人の同意を得なければならない。

c　「個人情報管理基準一覧表」に規定された利用部門以外の部門は、個人情報を利用して本人に連絡又は接触してはならない。

8

文書番号：PM-M00x	個人情報取扱規程	初版制定日：YYYY 年 MM 月 DD 日
Ver. 1.0		最終改訂日：　　年　　月　　日

4. 個人情報の提供

(1) 個人データの提供に関する措置

① 原則

a　当社は、個人データを第三者に提供する場合には、あらかじめ、本人に対して 2.-(5) の i ～ivに示す事項またはそれと同等以上の内容の事項、及び取得方法を通知し、本人の同意を得なければならない。

b　次のいずれかに該当する場合は、本人に通知し、本人の同意を得ることを要しない。ただし、第三者に提供する個人データが、要配慮個人情報又は不適正な手段で取得されたもの、若しくは他の個人情報取扱事業者からオプトアウトにより提供されたものである場合は、提供することはできない。

 i.　2.-(5) の～3.(7) の規定によって、既に 2.-(5) の i ～ivの事項又はそれと同等以上の内容の事項を本人に明示または通知し、本人の同意を得ているとき

 ii.　本人の同意を得ることが困難な場合であって、次に示す事項をあらかじめ、本人に通知するか、又はそれに代わる同等の措置を講じており、個人情報保護委員会に必要事項の届出を行っているとき

 a) 当社名、住所、代表者名

 b) 第三者への提供を利用目的とすること

 c) 第三者に提供される個人情報の項目

 d) 第三者に提供される個人データの取得方法

 e) 第三者への提供の手段または方法

 f) 本人の求めに応じて当該本人が識別される個人情報の第三者への提供を停止すること

 g) 本人の請求などを受け付ける方法

 h) その他個人の権利利益を保護するために必要なものとして個人情報保護委員会規則で定める事項

　　なお、本条項の a)に変更があったとき又は当該個人データの提供をやめたときは遅滞なく、c)・d)・e)のいずれかに変更が生じる場合には、変更する内容について、あらかじめ本人に通知し、または本人が容易に知り得る状態に置くとともに、個人情報保護委員会に届け出る。

 iii.　法人その他の団体に関する情報に含まれる当該法人その他の団体の役員および株主に関する情報であって、かつ、法令に基づきまたは本人もしくは当該法人その他の団体自らによって公開または公表された情報を提供する場合であって、前号で示す事項またはそれと同等以上の内容の事項を、あらかじめ、本人に通知し、または本人が容易に知り得

文書番号:PM-M00x	個人情報取扱規程	初版制定日:YYYY 年 MM 月 DD 日
Ver. 1.0		最終改訂日: 年 月 日

る状態に置いているとき

iv. 特定した利用目的の達成に必要な範囲内において、個人情報の取り扱いの全部または一部を委託するとき

v. 合併その他の事由による事業の承継に伴って個人情報を提供する場合であって、承継前の利用目的の範囲内で当該個人情報を取扱うとき

vi. 個人情報を特定の者との間で共同して利用する場合であって、共同して利用する者の間で、3.-(2)-ivに規定する共同利用について契約によって定めているとき

vii. 2.-(3)のbのただし書きのいずれかに該当する場合

② 手順

a ○○は、上記①のbのいずれかに該当しない場合で、当社が、個人情報を第三者に提供する場合の、事前の通知及び同意の方法を、「個人情報管理基準一覧表」に規定しなければならない。

b 「個人情報管理基準一覧表」に規定された各個人情報の利用部門は、個人情報管理基準一覧表」に規定された方法により必要事項を本人に通知し、本人の同意を得なければならない。

c 「個人情報管理基準一覧表」に規定された利用部門以外の部門は、個人情報を第三者へ提供してはならない。

(2) 外国にある第三者への提供の制限

① 原則

a 当社は、個人情報を外国にある第三者へ提供する必要が生じた場合には、あらかじめ4.-(1)の①における本人の同意を得ている場合でも、○○の承認を得るとともに、改めて、外国にある第三者への提供を行うことに対する本人の同意を得る。

b ただし、次のいずれかに該当する場合には、本人の同意を得ることを要しない。

　　i. 2.-(3)の①のただし書きbのいずれかに該当する場合

　　ii. 当該外国が個人情報保護委員会により日本と同等の水準であると認められている場合

　　iii. 当該外国の第三者が、APEC の CBPR 認証を受けている場合

c 上記aにより本人の同意を得ようとする場合には、個人情報保護委員会規則で定めるところにより、あらかじめ、当該外国における個人情報の保護に関する制度、当該第三者が講ずる個人情報の保護のための措置その他当該本人に参考となるべき情報を当該本人に提供しなければならない。

d 個人データを外国にある第三者(上記bのiiおよびiiiに規定する体制を整備している者に限る。)に提供した場合には、個人情報保護委員会規則で定めるところにより、当該第三者によ

文書番号：PM-M00x	個人情報取扱規程	初版制定日：YYYY 年 MM 月 DD 日
Ver. 1.0		最終改訂日：　　年　　月　　日

る相当措置の継続的な実施を確保するために必要な措置を講ずるとともに、本人の求めに応じて当該必要な措置に関する情報を当該本人に提供しなければならない。

② 手順

　　a　○○は、上記①の b のいずれかに該当しない場合で、当社が、個人情報を外国にある第三者に提供する場合の、事前の通知（外国にある第三者への提供に関する通知）及び同意の方法を、「個人情報管理基準一覧表」にしなければならない。

　　b　「個人情報管理基準一覧表」に規定された各個人情報の利用部門は、規定された方法により必要事項を本人に通知（外国にある第三者への提供に関する通知）し、本人の同意を得なければならない。

　　c　「個人情報管理基準一覧表」に規定された利用部門以外の部門は、個人情報を外国にある第三者へ提供してはならない。

(3) 第三者提供に係る記録の作成など

　① 「個人情報管理基準一覧表」に規定された、各個人情報の利用部門は、4.－（1）および 4.－（2）の規定に従い、第三者へ個人データの提供を行った場合は、以下を含む内容を、「個人情報管理基準一覧表」に指定された記録に記入し、法令の定める期間保存する。

　　　a　個人データを提供した年月日

　　　b　第三者の氏名又は名称（不特定かつ多数の者に対して提供したときは、その旨）

　　　c　個人データによって識別される本人の氏名

　　　d　当該個人データの項目

　　ただし、2.－（3）の①のただし書き b のいずれかに該当する場合、又は次のいずれかに該当する場合は、記録の作成を要しない。

　　　a　当社が、利用目的の達成に必要な範囲において個人データの取り扱いの全部又は一部を委託することに伴って当該個人データが提供される場合

　　　b　合併その他の事由によるや事業の承継に伴って当該個人データが提供される場合

　　　c　特定の者との間で共同して利用される個人データが当該特定の者に提供される場合であって、その旨並びに以下の内容を本人に通知するか、又は本人が容易に知り得る状態に置いているとき

　　　　－　共同利用される個人データの項目

　　　　－　共同して利用する者の範囲

　　　　－　利用する者の利用目的

　　　　－　個人データの管理について責任を有する者の氏名又は名称

11

文書番号：PM-M00x	個人情報取扱規程	初版制定日：YYYY 年 MM 月 DD 日
Ver. 1.0		最終改訂日：　　　年　　月　　日

(4) 第三者提供を受ける際の確認など

① 「個人情報管理基準一覧表」に規定された、各個人情報の利用部門は、第三者から個人デー
タの提供を受ける際しては、以下の内容を確認し、「個人情報管理基準一覧表」に指定され
た記録に記入し、法令の定める期間保存する。

a　個人データの提供を受けた年月日

b　第三者の氏名又は名称、住所（法人の場合は代表者名）

c　個人データによって識別される本人の氏名（その他、本人を特定するに足りる事項）

d　個人データの項目

e　個人情報保護委員会に届出を行い、公表されている旨

f　本人の同意が必要な場合、同意を得ている旨

ただし、2.-(3) の①のただし書き b のいずれかに該当する場合、又は 4.-(3) の①の a.～
c. に該当する場合は、確認を要しない。

(5) 個人関連情報の第三者提供の制限等

① 原則

a　当社は、個人関連情報を第三者に提供する場合で、当該個人関連情報が、第三者におい
て個人データとして取得されることが想定されるときは、2.-(3)のただし書き b のいず
れかに該当する場合を除き、次に掲げる事項について、あらかじめ個人情報保護委員会
規則で定めるところにより確認を行った上で、当該個人関連情報を当該第三者に提供す
る。

ⅰ.　当該第三者が個人関連情報取扱事業者から個人関連情報の提供を受けて本人が識
別される個人データとして取得することを認める旨の当該本人の同意が得られて
いること

ⅱ.　外国にある第三者への提供にあっては、前号の本人の同意を得ようとする場合にお
いて、個人情報保護委員会規則で定めるところにより、あらかじめ、当該外国にお
ける個人情報の保護に関する制度、当該第三者が講ずる個人情報の保護のための措
置その他当該本人に参考となるべき情報が当該本人に提供されていること

b　個人関連情報を外国にある第三者（上記 b のⅱおよびⅲに規定する体制を整備している
者に限る。）に提供した場合には、4-(2)-①-c の規定に従い、個人情報保護委員会規則
で定めるところにより、当該第三者による相当措置の継続的な実施を確保するために必
要な措置を講じ、本人の求めに応じて当該必要な措置に関する情報を当該本人に提供し
なければならない。

12

文書番号:PM-M00x	個人情報取扱規程	初版制定日：YYYY 年 MM 月 DD 日
Ver. 1.0		最終改訂日：　　年　月　日

　　　c　個人関連情報の提供を受ける場合には、4-(4)-①の規定に従い、確認及び記録を行う。

②　手順

　　　a　○○は、上記①に該当する場合で、当社が、個人関連情報を第三者に提供する場合の、
　　　　　事前の確認及び記録の方法を、「個人情報管理基準一覧表」にしなければならない。

　　　b　「個人情報管理基準一覧表」に規定された各個人情報の利用部門は、規定された方法に
　　　　　より必要事項を提供先の第三者に確認し、記録しなければならない。

　　　c　「個人情報管理基準一覧表」に規定された利用部門以外の部門は、個人関連情報を第三
　　　　　者へ提供してはならない。

13

12-2
個人情報管理基準一覧表

自社で取り扱う各個人情報の、取得、利用、提供に関する管理基準を一覧として規定するための書式が、**個人情報管理基準一覧表**になります。

▶▶ 対象となる個人情報保護法の条項

本「個人情報管理基準一覧表」の対象となる個人情報保護法の条項は、以下のとおりとなります。

- 第15条　利用目的の特定
- 第16条　利用目的による制限
- 第16条の二　不適正な利用の禁止
- 第17条　適正な取得
- 第18条　取得に際しての利用目的の通知等
- 第23条　第三者提供の制限
- 第24条　外国にある第三者への提供の制限
- 第25条　第三者提供に係る記録の作成等
- 第26条　第三者提供を受ける際の確認等
- 第26条の二　個人関連情報の第三者提供の制限等

▶▶ サンプル書式の解説

本「個人情報管理基準一覧表」書式は、**個人情報取扱規程**から引用され、各個人情報の取得、利用、提供に関する管理方法が規定できる書式となっています。

- 基本情報：個人情報名（または個人関連情報名）、概要、利用目的
- 取得に関する事項：取得を許可された部門、取得の手段、取得の方法など
- 利用に関する事項：利用範囲（利用する具体的な業務）、利用を許可された部門など
- 提供に関する事項：提供の有無、提供先、提供した結果の記録など

個人情報管理基準一覧表

						基本情報			取得に関する事項							利用に関する事項		提供に関する事項					
						N O・	概要	利用目的	取得の手段							利用に関する事項		提供		提供先				
						個人情報名（または個人情報関連情報名）	概要	利用目的	取得を許可された部門又は担当者	取得の方法						利用範囲（例）可された部門又は担当者（業務）		提供しない	提供する	提供する目的	提供先			
										本人から 直接書面	書面による提出及び同意の方法	以外 本人から 直接	利用目的の通知又は公表の方法・通知及び同意の方法	本人に連絡又は接触する場合の取得元・取得及び同意の方法	提供を受け、取得した個人データの適法確認方法及び記録	利用を許可された部門又は担当者				内・外	提供先	提供した個人情報の種類として取得個人データの項目	提供した場合の取得元・同意の有無・記録	提供元に通知する通知とし同意の方法

※様式番号及び版

作成者／更新者：
承認者／最終更新日：
承認者／最終改訂者：
承認日：最終承認日：

12-3

要配慮個人情報管理基準一覧表

　自社で取り扱う要配慮個人情報の、取得、利用、提供に関する管理基準を一覧として規定するための書式が、**要配慮個人情報管理基準一覧表**になります。

▶▶ 対象となる個人情報保護法の条項

　本「要配慮個人情報管理基準一覧表」の対象となる個人情報保護法の条項は、以下のとおりとなります。

- 第17条　適正な取得
- 第23条　第三者提供の制限

▶▶ サンプル書式の解説

　本「要配慮個人情報管理基準一覧表」書式は、**個人情報取扱規程**から引用され、要配慮個人情報の取得、利用、提供に関する管理方法が規定できる書式となっています。

　要配慮個人情報の取扱いに求められる、利用目的等の通知方法や、本人からの書面による同意方法、通知や同意を割愛できる法的な根拠など、一般的な個人情報よりもより厳しい管理基準を明確にすることがポイントとなります。

- 要配慮個人情報の名称、概要、取得を許可された部門又は担当者
- 取得の手段、本人への必要事項の通知や同意を得ること、若しくは通知や同意を割愛できる法的等の根拠
- 利用目的、利用範囲（利用する具体的な業務）、利用を許可された部門又は担当者
- 提供の許可やその理由、提供先、提供に関する通知及び同意の方法、提供した結果の記録

要配慮個人情報管理基準一覧表

	基本情報		取得に関する事項			利用に関する事項			提供			提供先		提供に関する事項	

要配慮個人情報管理基準一覧表

※様式番号及び版

作成者／更新者：
作成日／最終更新日：
承認者／最終承認者：
承認日／最終承認日：

12-4
個人情報開示規程

個人情報に関する本人の権利である、開示等の請求等に応じるための手順を規定したものが、**個人情報開示規程**になります。

▶▶ 対象となる個人情報保護法の条項

本「個人情報開示規程」の対象となる個人情報保護法の条項は、以下のとおりとなります。

- 第27条　保有個人データに関する事項の公表等
- 第28条　開示
- 第29条　訂正等
- 第30条　利用停止等
- 第31条　理由の説明
- 第32条　開示等の請求等に応じる手続

▶▶ サンプル規程の解説

本「個人情報開示規程」では、保有個人データに関する事項の公表、開示、訂正や削除、利用停止などの請求等に応じるための手順をまとめて、章立てしています。

本人から開示等の請求等があった場合の、受付方法、本人確認の方法や、手数料の有無、また受付後の調査や開示等の対応を誰が、どのような様式を使って対応するかを明確にすることがポイントとなります。

個人情報開示規程

個人情報開示規程

Ver. 1.0
文書番号：PM-M00x

初版制定日：YYYY 年 MM 月 DD 日

最終改訂日：　　　年　　月　　日

承認	審査	起案

文書番号:PM-M00x	個人情報開示規程	初版制定日:YYYY 年 MM 月 DD 日
Ver. 1.0		最終改訂日:　　年　　月　　日

Ⅰ 目的

本『個人情報開示規程』は、個人情報の保護に関する法律に基づき、保有個人データに関する本人の権利及び開示等の請求等への対応手順を規定したものである。

Ⅱ 改訂履歴

日付	改訂内容及び改訂理由	文書の承認		
		承認	審査	起案
YYYY/MM/DD	初版制定			

2

文書番号：PM-M00x	個人情報開示規程	初版制定日：YYYY 年 MM 月 DD 日
Ver. 1.0		最終改訂日：　　年　　月　　日

III.　個人情報の開示等の請求等への対応

1.　全般

(1)　目的

① 保有個人データに関する本人の権利を尊重し、開示等の請求等に適切に応じるために、請求等の受付や開示、訂正、追加又は削除、利用停止等に関する手順を定める。

2.　開示等の請求等への対応

(1)　本人の権利

① 原則

a　当社は、保有個人データに関して、本人から開示等の請求等を受け付けた場合は、本項の(4)〜(7)の手順に従い、遅滞なくこれに応じる。ただし、次のいずれかに該当する場合は、保有個人データには当たらない。

a) 当該個人データの存否が明らかになることによって、本人又は第三者の生命、身体又は財産に危害が及ぶおそれのあるもの

b) 当該個人データの存否が明らかになることによって、違法又は不当な行為を助長する、又は誘発するおそれのあるもの

c) 当該個人データの存否が明らかになることによって、国の安全が害されるおそれ、他国若しくは国際機関との信頼関係が損なわれるおそれ又は他国若しくは国際機関との交渉上不利益を被るおそれのあるもの

d) 当該個人データの存否が明らかになることによって、犯罪の予防、鎮圧又は捜査その他の公共の安全及び秩序維持に支障が及ぶおそれのあるもの

② 手順

a　当社の個人情報の中で、保有個人データに該当する個人データは、以下の通りとする。

　i.　　○○情報

　ii.　　○○情報

　iii.　　○○情報

　iv.　　○○情報

　v.　　○○情報

　vi.　　○○情報

第12章　個人情報保護に関するサンプル文例集

3

文書番号：PM-M00x	個人情報開示規程	初版制定日：YYYY 年 MM 月 DD 日
Ver. 1.0		最終改訂日：　　年　　月　　日

(2)　開示等の請求等に応じる手続き

① ○○は、開示等の請求等に応じる手続きとして、次の事項を定める。

必要事項	対応方法
a.開示等の請求等の申出先	個人情報問い合わせ窓口（ホームページにて公表）
b.開示等の請求等に際して提出すべき書面の様式その他の開示等の請求等の方式	「個人情報に関する開示等の請求票」に、希望する開示等の内容及び開示の方法を記載し、提出いただくこととする。
c.開示等の請求等をする者が、本人又は代理人であることの確認の方法	本人確認：写真付き身分証明書の提出又は、その他の身分証明書（写真のない場合は 2 つの身分証明書にて確認） 代理人：委任状の確認
d.利用目的の通知や保有個人データの開示に対応する場合の手数料の徴収方法	手数料（¥n,000）を指定の銀行口座へ振り込んでいただくこととする。

② ○○は、本人からの開示等の請求等に応じる手続を定めるに当たっては、本人に過重な負担を課するものとならないよう配慮する。

③ ○○は、本人からの請求等に応じる場合の手数料を徴収するときは、実費を勘案して合理的であると認められる範囲内において、その額を定める。

4

文書番号：PM-M00x	個人情報開示規程	初版制定日：YYYY 年 MM 月 DD 日
Ver. 1.0		最終改訂日：　　年　　月　　日

(3)　保有個人データに関する事項の周知など

　① 　○○は、当該保有個人データに関し、次の事項を当社ホームページの"個人情報の取扱いについて"に記載し、本人の知り得る状態（本人の請求等に応じて遅滞なく回答する場合を含む）に置くこととする。

必要事項	記載内容
a. 組織の氏名又は名称、住所、代表者名	株式会社○○ 〒xxx-xxxx　東京都○○区○○1-1-1 代表取締役　○○　○○
b. 全ての保有個人データの利用目的	○○に関するサービス及び商品の販売等のご提供 各種イベント、キャンペーンのお知らせ 当社の人事に関する各種手続き
c. 開示等の請求等に応じる手続	(2)①の内容を記載
d. 保有個人データの取扱いに関する苦情の申出先	株式会社○○　個人情報問い合わせ窓口 TEL03-xxxx-xxxx
e. 当該組織が認定個人情報保護団体の対象事業者である場合にあっては、当該認定個人情報保護団体の名称及び苦情の解決の申出先	認定個人情報保護団体：○○○○センター 個人情報保護苦情相談室 TEL：0120-xxx-xxx

(4)　保有個人データの利用目的の通知

　① 　○○は、本人から、当該本人が識別される保有個人データについて、利用目的の通知を求められた場合には、「開示請求等に関する回答票」によって遅滞なくこれに応じる。

　② 　ただし、『個人情報取扱規程』のⅢ-2.-(4)-①の a）～c）のいずれかに該当する場合、又は本項(3)の c によって当該本人が識別される保有個人データの利用目的が明らかな場合は利用目的の通知を必要としないが、そのときは、本人に遅滞なくその旨を通知するとともに、「開示請求等に関する回答票」によって理由を説明する。

　③ 　○○は、本人からの利用目的の通知請求を受付した際に、「開示請求等の受付管理簿」に受付内容を記入し、本人への回答が完了した際に、その対応結果を記入する。

5

文書番号：PM-M00x	個人情報開示規程	初版制定日：YYYY 年 MM 月 DD 日
Ver. 1.0		最終改訂日：　　年　　月　　日

(5)　保有個人データの開示

①　○○は、本人から、当該本人が識別される保有個人データの開示（当該本人が識別される保有個人データが存在しないとき、又は本人が請求した方法による開示が困難であるときにその旨を知らせることを含む。）の請求を受けたときは、法令の規定によって特別の手続が定められている場合を除き、本人に対し、遅滞なく、当該保有個人データを「開示請求等に関する回答票」によって開示する。

②　ただし、開示することによって次の a〜c のいずれかに該当する場合は、その全部又は一部を開示する必要はないが、そのときは、本人に遅滞なくその旨を通知するとともに、「開示請求等に関する回答票」によって理由を説明する。

　　　a.　本人又は第三者の生命、身体、財産その他の権利利益を害するおそれがある場合

　　　b.　当該組織の業務の適正な実施に著しい支障を及ぼすおそれがある場合

　　　c.　法令に違反する場合

③　上記①及び②の対応は、当該本人の保有個人データの第三者提供記録に関しても同様に行う。

④　○○は、本人からの開示の請求を受付した際に、「開示請求等の受付管理簿」に受付内容を記入し、本人への回答が完了した際に、その対応結果を記入する。

(6)　保有個人データの訂正、追加又は削除

①　○○は、本人から、当該本人が識別される保有個人データの内容が事実でないという理由によって当該保有個人データの訂正、追加又は削除（以下、この項において"訂正等"という。）の請求を受けた場合は、法令の規定によって特別の手続が定められている場合を除き、利用目的の達成に必要な範囲内において、遅滞なく必要な調査を行い、その結果に基づいて、当該保有個人データの訂正等を行う。

②　○○は、訂正等を行ったときは、その旨及びその内容を、本人に対し、遅滞なく通知し、訂正等を行わない旨の決定をしたときは、その旨及びその理由を、「開示請求等に関する回答票」によって本人に対し、遅滞なく通知する。

③　○○は、本人からの訂正、追加又は削除の請求を受付した際に、「開示請求等の受付管理簿」に受付内容を記入し、本人への回答が完了した際に、その対応結果を記入する。

(7)　保有個人データの利用又は提供の拒否権

①　○○は、本人から、下記の理由により、当該本人が識別される保有個人データの利用の停止、消去又は第三者への提供の停止（以下、この項において"利用停止等"という。）の請求を受けた場合は、これに応じる。また、措置を講じた後は、「開示請求等に関する回答票」によって遅滞なくその旨を本人に通知する。

6

文書番号：PM-M00x	個人情報開示規程	初版制定日：YYYY 年 MM 月 DD 日
Ver. 1.0		最終改訂日：　　年　　月　　日

　　a.　不適正な方法により取得されている

　　b.　違法又は不当な行為を助長し、又は誘発するおそれがある方法により個人情報を利用されている

　　c.　本人からみて、当社がその保有個人データを利用する必要がなくなった

② 上記①の a または b の理由による請求で、本項の(5)のただし書き a～c のいずれかに該当する場合は、利用停止等を行なう必要はないが、そのときは、本人に遅滞なくその旨を通知するとともに、「開示請求等に関する回答票」によって理由を説明する。

③ 上記①の c の理由による請求で、当該保有個人データの利用停止等又は第三者への提供の停止に多額の費用を要する場合や、利用停止等又は第三者への提供の停止を行うことが困難な場合であって、本人の権利利益を保護するため必要なこれに代わるべき措置をとるときは、利用停止等を行わず、本人に遅滞なく利用停止を行わない旨を通知し、理由または代替措置の内容を「開示請求等に関する回答票」によって説明する。

④ ○○は、本人からの利用又は提供の拒否に関する請求を受付した際に、「開示請求等の受付管理簿」に受付内容を記入し、本人への回答が完了した際に、その対応結果を記入する。

7

本人から、保有個人データの開示等の請求等を受け付けるための書式が、**個人情報に関する開示等の請求票**になります。

▶▶ 対象となる個人情報保護法の条項

本「個人情報に関する開示等の請求票」の対象となる個人情報保護法の条項は、以下のとおりとなります。

- 第27条　保有個人データに関する事項の公表等
- 第28条　開示
- 第29条　訂正等
- 第30条　利用停止等
- 第31条　理由の説明
- 第32条　開示等の請求等に応じる手続

▶▶ サンプル書式の解説

本「個人情報に関する開示等の請求票」書式は、**個人情報開示規程**から引用され、本人から保有個人データに関する開示等の請求があった場合に、本人に必要事項を記入してもらうための書式サンプルです。なお、当該個人情報が保有個人データに該当しない場合でも、組織が、利用目的の通知、開示、内容の訂正、追加又は削除、利用の停止、消去及び第三者への提供の停止の請求などの全てに応じることができる権限を有する場合は、保有個人データと同様の取り扱いを行うことが望ましいでしょう。

請求日、請求者（又は代理人）の情報、請求内容、対象となる個人情報の項目、訂正や追加の内容、開示方法に関する本人の希望など、本人からの請求に対応するための必要事項を明確にすることがポイントとなります。

個人情報に関する開示等の請求票

※様式番号及び版

個人情報に関する開示等の請求票

ご依頼日：　　年　　月　　日

お客様情報（本人）	氏名	
	住所	
	勤務先	
	T E L	
	F A X	
	E-mail	
お客様情報（代理人）	氏名	
	住所	
	勤務先	
	T E L	
	F A X	
	E-mail	
対象となる個人情報の項目		
ご請求内容	□利用目的の通知　□開示 □内容の訂正、追加又は削除 □利用の停止、消去　□第三者への提供の停止 □その他（　　　　　　　　　　　　　　）	
ご請求内容詳細	開示方法についての希望 （　　　　　　　　　　　　　　） 訂正、追加又は削除する情報の内容 （　　　　　　　　　　　　　　）	

＜弊社処理欄＞

	日　付	備　考
受付年月日	年　　月　　日	
対応年月日	年　　月　　日	

個人情報保護管理者	特定個人情報管理責任者	事務取扱担当者	受付担当者

12-6
開示請求等の受付管理簿

本人からの保有個人データの開示等の請求等について、受付から対応までの内容を記録するための書式が、**開示請求等の受付管理簿**になります。

▶▶ 対象となる個人情報保護法の条項

本「開示請求等の受付管理簿」の対象となる個人情報保護法の条項は、以下のとおりとなります。

- 第28条　開示
- 第29条　訂正等
- 第30条　利用停止等
- 第31条　理由の説明
- 第32条　開示等の請求等に応じる手続

▶▶ サンプル書式の解説

本「開示請求等の受付管理簿」書式は、**個人情報開示規程**から引用され、本人から保有個人データに関する開示等の請求があった場合に、受付や対応結果（対応しないことを決定した場合はその理由）、完了日などが管理できる書式サンプルです。

個人情報保護法では、「本人からの請求が到達した日（その請求が通常到達すべきであった時に、到達したものとみなす）から2週間を経過した後でなければ、その訴えを提起することができない」としており、本人からの請求等をきちんと管理せず、2週間以上経過してしまうと訴訟の対象にもなりかねないため、開示等の請求を受付した日から、どのような依頼に対して、誰がいつどのように対応したかを明確にすることがポイントとなります。

開示請求等の受付管理簿

開示請求等の受付管理簿

作成／最終改訂者
作成／最終改訂日

※様式番号及び版

No.	受付日	依頼者氏名	個人情報の項目	請求等の種別	対応内容 （対応しないことを決定した場合には、その理由）	対応者 （特定個人情報の場合は事務取扱担当者）	承認者 （特定個人情報の場合は特定個人情報管理責任者）	対応完了日

12-7

開示請求等に関する回答票

本人からの保有個人データの開示等の請求等に対して、本人へ回答内容を送付するための書式が、**開示請求等に関する回答票**になります。

▶▶ 対象となる個人情報保護法の条項

本「開示請求等に関する回答票」の対象となる個人情報保護法の条項は、以下のとおりとなります。

- 第28条　開示
- 第29条　訂正等
- 第30条　利用停止等
- 第31条　理由の説明
- 第32条　開示等の請求等に応じる手続

▶▶ サンプル書式の解説

本「開示請求等に関する回答票」書式は、**個人情報開示規程**から引用され、本人からの保有個人データに関する開示、訂正、追加又は削除、利用停止等の請求を受理したのち、それに対して回答をする際に使用するため書式サンプルです。

「回答または代替措置の内容もしくは対応不可の場合の理由」欄には、請求等への回答をわかりやすく記載するとともに、請求等に対応しないことを決定した場合には、その旨及びその理由を通知することが必要となります。

開示請求等に関する回答票

※様式番号及び版

開示等の請求等に関する回答票

_____ 様

年　　月　　日

ご請求内容	
回答または代替措置 の内容 もしくは対応不可の 場合の理由	

個人情報保護管	回答責任者

12-8

個人情報安全管理規程

個人情報の安全管理措置の手順を規定したものが、**個人情報安全管理規程**となります。従業者の監督や委託先の監督も含まれます。

▶▶ 対象となる個人情報保護法の条項

本「個人情報安全管理規程」の対象となる個人情報保護法の条項は、以下のとおりとなります。

- 第19条　データ内容の正確性の確保等
- 第20条　安全管理措置
- 第21条　従業者の監督
- 第22条　委託先の監督

▶▶ サンプル規程の解説

本「個人情報安全管理規程」は、個人情報の漏えい、滅失又は毀損の防止や、その他の安全管理のために必要な、様々な安全管理措置の手順を明確にしています。自社にとって必要かつ適切な安全管理措置の手順を示すとともに、従業員の監督及び委託先の監督についても、その手順を規定しています。

自社の業務形態や取り扱われる個人情報の種類によって、必要な安全管理策は異なりますが、どのような管理策を用いるべきか考慮する際には、**個人情報の保護に関する法律についてのガイドライン（通則編）やJIS Q 15001:2017の附属書C**を参照すると良いでしょう。

個人情報安全管理規程

個人情報安全管理規程

Ver. 1.0

文書番号：PM-M00x

初版制定日：YYYY 年 MM 月 DD 日

最終改訂日：　　年　　月　　日

承認	審査	起案

文書番号：PM-M00x	個人情報安全管理規程	初版制定日：YYYY 年 MM 月 DD 日
Ver. 1.0		最終改訂日：　　　年　　月　　日

Ⅰ　目的

　本『個人情報安全管理規程』は、個人情報の保護に関する法律に基づき、個人情報に関する安全管理措置及び対応手順を規定したものである。

Ⅱ　改訂履歴

日付	改訂内容及び改訂理由	文書の承認		
		承認	審査	起案
YYYY/MM/DD	初版制定			

文書番号：PM-M00x	個人情報安全管理規程	初版制定日：YYYY 年 MM 月 DD 日
Ver. 1.0		最終改訂日： 年 月 日

III. 個人情報の安全管理措置

1. 全般

(1) 目的

① 個人情報の漏えい、滅失又はき損の防止その他の個人情報の安全管理を確実にするために、組織的な安全管理措置の手順を定める。

2. 組織的及び管理的安全管理措置

(1) 安全管理体制

① 個人情報の安全管理に関する体制は以下のとおりとする。

個人情報保護管理者	次に掲げる事項及びその他当社における個人情報保護に関する全ての権限と責務を有するものとする。 ● 各部門の個人情報保護リーダの任命及び必要な権限の付与 ● ○○○○○○○○○○○○○○○○○○○○○○○○○○ ● ○○○○○○○○○○○○○○○○○○○○○○○○○○
個人情報保護リーダ	次に掲げる事項及びその他自部門における個人情報保護に関する全ての権限と責務を有するものとする。 ● 「個人情報（データ）管理台帳」の作成及び維持 ● 自部門の従業者に対する個人情報保護の徹底 ● 自部門の個人情報保護に関するセルフチェックの実施と改善指導
○○○○	○○○○○○○○○○○○○○○○○○○○○○○○○○○○○○○○○○○○○○。 ● ○○○○○○○○○○○○○○○○○○○○○○○○○○ ● ○○○○○○○○○○○○○○○○○○○○○○○○○○ ● ○○○○○○○○○○○○○○○○○○○○○○○○○○
○○○○	○○○○○○○○○○○○○○○○○○○○○○○○○○○○○○○○○○○○○○。 ● ○○○○○○○○○○○○○○○○○○○○○○○○○○ ● ○○○○○○○○○○○○○○○○○○○○○○○○○○ ● ○○○○○○○○○○○○○○○○○○○○○○○○○○

3

文書番号：PM-M00x	個人情報安全管理規程	初版制定日：YYYY 年 MM 月 DD 日
Ver. 1.0		最終改訂日：　　年　　月　　日

3.　個人情報（個人データ）の保護

（1）「個人情報（データ）管理台帳」の作成及び順守

　① 各部門の個人情報保護リーダは、自部門で保有する情報・データ毎に、以下の管理基準及び取扱手順を含む、「個人情報（データ）管理台帳」を作成しなければならない。

　　a　個人情報・個人データの名称

　　b　種別（紙・データ・その他）

　　c　個人情報・個人データの管理責任者

　　d　個人情報・個人データの保管（場所、方法、期間）

　　e　個人情報・個人データの廃棄（時期、方法、担当者）

　② 全ての従業者は、「個人情報（データ）管理台帳」に基づき、個人情報（個人データ）を取扱わなければならない。

（2）　セルフチェックの実施

　① 個人情報保護リーダは、自部門における個人情報保護のための管理策やルールが順守されていることを確実にするために、セルフチェックを実施しなければならない。

　② セルフチェックの手順

　　a. 個人情報保護リーダは、○○月、○○月、○○月、○○月に、自部門の個人情報保護のための管理策やルールが順守されていることを確認し、個人情報保護管理者に報告しなければならない。

　　b. 個人情報保護管理者は、報告内容を評価し、必要な処置を指示しなければならない。

　③ チェックの対象は、以下の通りとする。

　　a. 「個人情報（データ）管理台帳」に基づく個人情報（個人データ）の利用状況及び保管状況

　　b. ○○

　　c. ○○

4.　個人情報の廃棄

（1）廃棄の手順

　① ○○は、「個人情報（データ）管理台帳」に規定された廃棄時期に、対象となる個人データ等を速やかに廃棄しなければならない。

　② ○○は、「個人情報（データ）管理台帳」に規定された廃棄方法（シュレッダー、溶解処理など復元不可能な方法）により廃棄しなければならない。

　③ ○○は、情報システム（PC等を含む）における個人データを削除する場合は、容易に復元できない手段で削除しなければならない。

4

文書番号：PM-M00x	個人情報安全管理規程	初版制定日：YYYY 年 MM 月 DD 日
Ver. 1.0		最終改訂日：　　　年　　月　　日

5.　情報の伝送

（1）電子メール利用時の注意点

① 全従業者は、電子メールの送信時、以下の手順に従い、電子メールを利用しなければならない。

　a. 電子メールの本文に、プライバシーを含む、個人が識別できる情報を記載してはならない。

　b. 電子メールの業務以外の使用は、原則的に行ってはならない。

　c. 電子メール送付の際は、宛先をアドレス帳から選択し、送信先に間違いがないことを確認してから送付しなければならない。

　d. 個人データを添付して送信する場合は、パスワードの設定などを確実にしなければならない。

（2）不信メール受信時の対応

① 全従業者は、不信な電子メールの受信時、以下の手順に従い、○○に報告しなければならない。

　a. 全従業者は、送信先が不明なメールでかつ、不信な URL がリンクされているメールを受信した際は、そのリンクをクリックしてはならず、○○に報告しなければならない。

　b. 全従業者は、送信先が不明なメールでかつ、不信な添付ファイルが添付されているメールを受信した際は、その添付ファイルは開封してはならず、○○に報告しなければならない。

　c. ○○は、その従業者に対して、適切な指示を行わなければならない。

5

文書番号:PM-M00x	個人情報安全管理規程	初版制定日：YYYY 年 MM 月 DD 日
Ver. 1.0		最終改訂日： 年 月 日

Ⅳ. 人的安全管理措置

1. 全般

(1) 目的

① 個人情報の漏えい、滅失又はき損の防止その他の個人情報の安全管理を確実にするために、人的な安全管理措置の手順を定める。

2. 従業者の監督

(1) 従業者の定義

① 従業者とは、当社の組織内にあって直接間接に当社の指揮監督を受けて業務に従事している者をいい、正社員、契約社員、パート、アルバイトだけでなく、雇用関係にない従業者である取締役、執行役、監査役、派遣社員なども含む。

(2) 選考時の順守事項

① ○○は、従業者を選考・採用をする際は、関連する法令、規制及び倫理に従わなければならない。

② ○○は、すべての従業者候補についての経歴などの確認は、配属先での個人情報の取扱い業務の重要性を考慮した上で、行わなければならない。

(3) 採用時の個人情報の秘密保持に関する同意

① ○○は、採用時に、従業者と、業務上取扱う個人情報について非開示とする、[秘密保持誓約書] を取り交わさなければならない。なお、この非開示契約は、従業者の退職後も有効としなければならない。

(4) 採用後の従業者への指導

① ○○は、従業者の業務上の個人情報の取扱いについて、その注意事項及び適切な管理方法等について教育を行うとともに、個人情報の取扱い状況を適時確認し、必要に応じて指導を行わなければならない。

(5) 罰則

① ○○は、従業者が雇用期間中又は雇用終了後に、[秘密保持誓約書] で誓約した事項に反する行為を行った場合は、罰則に関する手続きをとらなければならない。

6

文書番号:PM-M00x	個人情報安全管理規程	初版制定日：YYYY 年 MM 月 DD 日
Ver. 1.0		最終改訂日： 年 月 日

V. 物理的安全管理措置

1. 全般

(1) 目的

① 個人情報の漏えい、減失又はき損の防止その他の個人情報の安全管理を確実にするために、物理的な安全管理措置の手順を定める。

2. オフィスのレイアウト及び各スペースの管理

(1) 基本原則

① ○○は、重要なセキュリティエリア及びその他の執務室に対して、それぞれの用途及び物理的なセキュリティを考慮し、必要な管理策を実施しなければならない。

② 重要なセキュリティエリア

a. ○○は、取扱に慎重を要する個人情報を取扱う執務室や、サーバなどの重要な情報システムの設置場所に関する、適切な物理的セキュリティを適用しなければならない。

b. ○○は、重要なセキュリティエリアでの作業を行う際の作業手順及び持ち込みや持ち出し制限の基準などを確立し、作業に従事する従業者及び委託先の要員に順守させなければならない。

(2) その他の執務室

① ○○は、意図しない個人情報の視聴などを防止するために、適切な物理的セキュリティを適用しなければならない。

(3) 搬入物の受け渡し

① 搬入物の受渡しをする際の手順は以下の通りとする。

a. 原則○○（受付など）にて行う。

b. 搬入物を受付スペース以外の場所で受渡しを行う場合は、従業者が必ず同伴し、個人情報の盗難、損傷、破壊、覗き見などに十分注意を払う。

(4) パソコンなどの装置の設置

① ○○は、パソコンなどの装置を以下の点を低減するように設置しなければならない。

a. 環境上の脅威

b. 災害からのリスク

c. 認可されていないアクセスの機会（のぞき見など）

7

文書番号:PM-M00x	個人情報安全管理規程	初版制定日:YYYY 年 MM 月 DD 日
Ver. 1.0		最終改訂日:　　年　　月　　日

3.　入退室管理

(1) 管理手順

① ○○は、オフィス内に「入退室管理簿」を設置しなければならない。

② 該当日の初回入室者は、日付、曜日、入室(開錠)時間、氏名を記入し、入室時チェック欄の項目を確認し、チェックをつけなければならない。

③ 該当日の最終退室者は、退室時チェック欄の項目を確認し、チェックをつけ、退室(施錠)時間及び氏名を記入しなければならない。

④ ○○は、毎朝、未記入やチェック事項に異常がないかを確認し、異常のある場合は個人情報保護管理者に報告しなければならない。

⑤ ○○は、毎月の第1営業日に、前月の記入内容を確認し、個人情報保護管理者への報告を行い、確認印を受領し、所定のファイルに保管しなければならない。

4.　かぎの管理

(1) 管理手順

① ○○は、「かぎ管理台帳」を作成し、管理の対象を明確にしなければならない。

② ○○は、一定期間以上、従業者にかぎを貸与する場合は、当該従業者にかぎを貸与した後に「かぎ管理台帳」を更新しなければならない。

③ ○○は、かぎを貸与している従業者が退職した際は、かぎの返却を確実にし、「かぎ管理台帳」を更新しなければならない。

④ マスターのかぎ及び貸与されていない "かぎ" は、○○が保管しなければならない。

⑤ ○○は、かぎが貸与されていない従業者にかぎを一時的に貸与する場合は、「かぎ貸与記録簿」に記録しなければならない。

⑥ ○○は、かぎが返却されたことを確認し、「かぎ貸与記録簿」の返却日に記録する。なお、かぎが返却されない場合は、当該従業者に対してかぎの返却を催促しなければならない。

⑦ ○○は、毎月1回、「かぎ管理台帳」及び「かぎ貸与記録簿」と保管しているかぎを確認しなければならない。

5.　クリアデスク・クリアスクリーン

(1) クリアデスクの実施

① 全従業者は、クリアデスクを遂行し、業務中に離席する際には机上の書類を伏せるなどして、個人情報が他者に見られないよう配慮しなければならない。

② 全従業者は、外出時や退勤時には個人情報を含む書類を自席のキャビネット等に格納し、机上に放置してはならない。

8

文書番号：PM-M00x	個人情報安全管理規程	初版制定日：YYYY 年 MM 月 DD 日
Ver. 1.0		最終改訂日：　　年　　月　　日

(2) クリアスクリーンの実施

① クライアント装置の利用者は、以下のとおりスクリーンセーバを設定しなければならない。

　a. 作業中断時から○○分以内にスクリーンセーバが起動するように設定しなければならない。

　b. コンピュータの利用再開時に、ログオン画面に戻るように設定しなければならない。

6. 外部記憶媒体の管理

(1) 外部記憶媒体の対象

① 当社が利用を許可する外部記憶媒体は、次の通りとする。

　a. ○○

　b. ○○

　c. ○○

(2) 外部記憶媒体の利用手順

① 外部記憶媒体の利用希望者は、利用する目的（社外へ持ち出しする場合は持ち出す理由を含む）及び利用する期間を○○に伝え、事前の承認を得なければならない。

② ○○は、「外部記憶媒体利用者一覧」に記録しなければならない。

③ 全従業者は、外部記憶媒体を持ち出す場合は、以下の事項を順守しなければならない。

　a. 衝撃による損傷、盗難を防止するために、移送中は自らのカバンに入れるなどの保護策を実施しなければならない。

　b. 郵送する場合は、開封防止策や破損防止策の実施及び親展メールを利用しなければならない。

　c. 利用目的以外の用途での使用や、不必要なデータを媒体にいれてはならない。

　d. 返却時には、媒体内のデータをすべて消去し、フォーマットしなければならない。

④ ○○は、外部記憶媒体を廃棄する際は、以下の手段で廃棄を行わなければならない。

　a. シュレッダーによる粉砕

　b. ハンマーなどによるディスクの物理的破壊

　c. 廃棄業者への委託（委託先の管理手順は、『本規程』の"委託先の管理"に定める。）

文書番号：PM-M00x	個人情報安全管理規程	初版制定日：YYYY 年 MM 月 DD 日
Ver. 1.0		最終改訂日：　　年　　月　　日

VI. 技術的安全管理措置

1. 全般

(1) 目的

① 個人情報の漏えい、滅失又はき損の防止その他の個人情報の安全管理を確実にするために、技術的な安全管理措置の手順を定める。

2. ID・パスワード・アクセス権の管理

(1) ID 及びアクセス権の管理

① ID 及びアクセス権の登録

a. ○○は、利用者の ID を各情報システムに登録する。なお、利用者の ID の登録を行う際には、以下の点を確実にしなければならない。

　i. 一意な利用者アカウントの利用

　ii. 登録する情報の完全性の確保（登録する内容が間違っていないか）

b. ○○は、各利用者 ID に適切なアクセス権を付与しなければならない。

c. ○○は、利用者 ID 及び付与されたアクセス権を「アカウント管理台帳」に登録しなければならない。

d. ○○は、利用者に対して使用可能な ID 及びアクセス権を伝えなければならない。

② 利用者 ID の削除

a. ○○は、従業者の退社時や部署移動時など適切なタイミングで利用者 ID を削除しなければならない。

b. ○○は、「アカウント管理台帳」を更新しなければならない。

③ アクセス権の変更

a. ○○は、従業者の退社時や部署移動時など適切なタイミングで利用者のアクセス権の変更を行わなければならない。なお、アクセス権の変更を行う際は、以下の点を確実にしなければならない。

　i. 変更するアクセス権の完全性の確保（変更する内容が間違っていないか）

　ii. 変更するアクセス権の妥当性の確保（変更するアクセス権が責任・権限の範囲を逸脱していないか）

b. ○○は、「アカウント管理台帳」を更新しなければならない。

c. ○○は、利用者に対して変更されたアクセス権を伝えなければならない。

④ 利用者 ID 及びアクセス権のレビュー

a. ○○は、毎年○○月、○○月、○○月、○○月に、各情報システムの利用者 ID 及びそれぞれのアクセス権のレビューを行わなければならない。なお、レビューを行う際は、以下の点を確

10

文書番号：PM-M00x	個人情報安全管理規程	初版制定日：YYYY 年 MM 月 DD 日
Ver. 1.0		最終改訂日：　　年　　月　　日

実にしなければならない。

 ⅰ．利用者 ID の完全性の確保（削除し忘れはないか）

 ⅱ．各利用者 ID のアクセス権の完全性の確保（適切なアクセス権が付与されているか）

 b．○○は、レビューの結果、利用者 ID またはアクセス権に誤りがあった場合は、適切な処置を行わなければならない。

(2) 利用者パスワードの管理

 ① パスワードシステム

  a．アクセス制御方針で定義した重要なシステム及びアプリケーションへのアクセスは、セキュリティに配慮したログオン手順によって制御しなければならない。

  b．パスワード管理システムは、対話式でなければならず、また、良質なパスワードを確実とするものでなければならない。

 ② 利用者パスワードの発行

  a．○○は、すべての利用者に対し、以下を確実に要求すしなければならない。

   ⅰ．パスワードを記録したメモを他のものが容易に参照できるところに貼り付けたり、放置しないこと

   ⅱ．パスワードを他のものに不用意に教えないこと

   ⅲ．他の従業者からパスワードを聞いたり、また、その聞いたパスワードを第三者に教えないこと

   ⅳ．以下の b.以降の手順を確実に順守すること

  b．○○は、初期パスワードを発行し、利用者に伝えなければならない。なお、この際、利用者以外にパスワードが知られないよう、十分に注意しなければならない。

  c．○○は、利用者に対して、初期パスワードを即時変更することを要求しなければならない。また、変更するパスワードは、以下を満たすこともあわせて要求しなければならない。

   ⅰ．英大文字、英小文字、数字、記号のうち、○○種類以上混在

   ⅱ．○○文字以上であること

   ⅲ．他人が容易に憶測できないこと（ID、QWERTY 配列、会社電話番号などの使用不可）

  d．○○は、必要に応じて（パスワードの流出やシステムへの不正アクセスが疑われたとき）、利用者に対して、利用者パスワードを変更することを要求しなければならない。なお、パスワードの変更の際は、当社のパスワードポリシーを満たすことを確実にしなければならない。

11

文書番号：PM-M00x	個人情報安全管理規程	初版制定日：YYYY 年 MM 月 DD 日
Ver. 1.0		最終改訂日：　　年　　月　　日

3. ログの管理

(1) ログの監視手順

① ○○は、個人情報を取扱うシステムに関して、以下を含んだイベントログが取得されることを確実にしなければならない。

    a. 利用者の活動（ファイルへのアクセスや削除、変更、移動など）

    b. 例外処理

    c. 過失

    d. 情報セキュリティ事象

② ○○は、○○か月に一度イベントログの確認を行わなければならない。また、その際に取得したログを外部記憶媒体に保存し、保管しなければならない。

③ ○○は、イベントログの確認時に不審なイベントログがあった場合は、○○に報告し、調査を含んだ適切な処置を行わなければならない。

(2) クロックの同期

① ○○は、イベントログの正確性を確保するため、すべての情報処理システムのクロックを、単一の参照時刻源と同期させなければならない。

4. ぜい弱性の管理

(1) ぜい弱性情報の取得及びセキュリティパッチの適用

① ○○は、定期的に、ぜい弱性に関する情報を取得しなければならない。

② ○○は、新たなる"ぜい弱性情報"を入手した場合は、そのセキュリティパッチを適用するか否かを以下の判断基準を用いて評価する。

    a. 緊急性及び重要度

    b. 当該セキュリティパッチを適用することによる負の影響の有無

③ ○○は、当該セキュリティパッチを取得し適用、または各担当者に取得及びその適用の指示を行わなければならない。

① ○○は、適切な手段を用いてセキュリティパッチ後に他のアプリケーションへの負の影響等がないかを確認しなければならない。

5. コンピュータウイルスへの感染予防策

(1) ウイルス対策ソフトの導入

① ○○は、コンピュータウイルスを検出するために、全てのPCへ指定されたウイルス対策ソフトを導入しなければならない。なお、ウイルス対策ソフトの設定は、以下の通りとする。

文書番号：PM-M00x	個人情報安全管理規程	初版制定日：YYYY 年 MM 月 DD 日
Ver. 1.0		最終改訂日：　　年　　月　　日

　　　a．パターンファイルは、自動更新するように設定すること

　　　b．常駐設定し、常時スキャンをできるように設定すること

(2) インターネットの利用

　　① 全ての PC の利用者は、以下を遵守し、インターネットを利用しなければならない。

　　　a．インターネットは、業務以外の利用はしてはならない。

　　　b．信頼できない Web サイトには原則としてアクセスしてはならない。業務上必要な場合は、○○へ報告し、指示に従わなければならない。

6.　コンピュータウイルスへの感染時（感染の疑いを含む）の対応

(1) コンピュータウイルスの感染が疑われるまたは感染が確認された際は、以下のとおり対応を行わなければならない。

対応手順	担当者
① ネットワークケーブルをクライアント装置から抜く（ネットワークを遮断する）。この際、クライアント装置の電源は決して落としてはならない。	感染者
② ○○（システム部門など）へ連絡を行い、現状を報告する。	感染者
③ コンピュータウイルスへの感染の拡大の可能性を確認する。コンピュータウイルスへの感染の拡大可能性がある場合には、他のすべての従業者もネットワークケーブルをクライアント装置から抜く。	○○
④ コンピュータウイルスへの感染が疑われるまたは感染が確認されたクライアント装置に対し、ウイルススキャンを行い、コンピュータウイルスを除去する。	○○
⑤ 有効な予防手段を確認する（有効なパターンファイルの配布など）。	○○
⑥ 感染による被害状況を確認する。	○○
⑦ 感染したクライアント装置の復旧を行う。	○○
⑧ ○○インシデントの報告を行う。	○○

第12章　個人情報保護に関するサンプル文例集

文書番号：PM-M00x	個人情報安全管理規程	初版制定日：YYYY 年 MM 月 DD 日
Ver. 1.0		最終改訂日： 年 月 日

VII. 委託先の管理

1. 全般

(1) 目的

① 委託先が当社と同等以上の個人情報保護水準を維持し、委託業務における個人情報保護を確実にするための委託先の管理手順を規定する。

2. 委託前の管理

(1) 委託先の評価・選定

① ○○は、「委託先調査表」に基づき、委託先の評価を行わなければならない。

② ○○は、上記の評価結果から選定基準に適合していると判断できた場合は、委託先と認定し、そのリスクを低減するための管理策を含んだ【業務委託契約書】を締結しなければならない。

3. 契約

(1) 契約書の基本要件

① 委託に関する契約書には、以下の項目を規定しなければならない。

　　a. 委託者及び受託者の責任の明確化

　　b. 個人データの安全管理に関する事項

　　c. 再委託に関する事項

　　d. 個人データの取扱い状況に関する委託者への報告の内容及び頻度

　　e. 契約内容が遵守されていることを委託者が、定期的に、及び適宜に確認できる事項

　　f. 契約内容が遵守されなかった場合の措置

　　g. 事件・事故が発生した場合の報告・連絡に関する事項

　　h. 契約終了後の措置

② 委託に関する契約書は、少なくとも個人データの保有期間にわたって保存しなければならない。

(2) 契約手順

① ○○は、認定された委託先の中から委託先の選定を行わなければならない。

② ○○は、上記の(1)の”契約書の基本要件”を含む、必要な取り決め事項を盛り込み【業務委託契約書】を作成し、委託先と契約を行わなければならない。

③ なお、契約の形態または業務上の重要度の観点から、【業務委託契約書】の締結が不必要または不可能だと○○が判断した場合は、その他の適切な処置を行い、対応しなければならない（サービス約款がある場合は、その内容を確認し、○○が承認 など）。

文書番号:PM-M00x	個人情報安全管理規程	初版制定日：YYYY 年 MM 月 DD 日
Ver. 1.0		最終改訂日：　　年　　月　　日

(3) 再委託に関する注意事項

① ○○は、当該委託内容の特性に応じて、再委託を禁止するか、許可するかを決定しなければならない。

② ○○は、委託先に再委託を許可する場合、業務や取扱う情報・データの重要性を十分に考慮し、適切なセキュリティ管理策を含んだ【業務委託契約書】を締結することを確実にしなければならない。

③ ○○は、システム運用の委託など、その委託先のサービスが、再委託先によって支えられている場合は、契約先である委託先に対し、再委託先の管理・監督が適切に実施されていることを事前に確認しなければならない。

4. 委託契約後の管理

(1) 委託中／委託終了後の監視及びレビュー

① 委託先が提供するサービスの監視及びレビューの方法は、「委託先管理台帳」に定める。

    a. 監視及びレビューの対象

    b. 監視及びレビューのタイミングならびにその方法

② ○○は、監視及びレビューの結果、契約事項の不遵守やその他の問題が発見された場合は、○○に報告し、委託先への改善要求、取引停止などを含めた、適切な処置を実施または指示しなければならない。

15

第12章　個人情報保護に関するサンプル文例集

12-9

個人情報（データ）管理台帳

事業者が事業の用に供している個人データを登録し、管理するための書式が、**個人情報（データ）管理台帳**になります。

▶▶ 対象となる個人情報保護法の条項

本「個人情報（データ）管理台帳」の対象となる個人情報保護法の条項は、以下のとおりとなります。

- 第19条　データ内容の正確性の確保等
- 第20条　安全管理措置

▶▶ サンプル書式の解説

本「個人情報（データ）管理台帳」書式は、**個人情報安全管理規程**から引用され、事業者が事業の用に供している個人データを登録し、管理基準／手順を明確にするための書式サンプルです。

管理の対象となる個人データを明確にし、かつ、個人情報の安全管理措置として、以下のような、利用制限、保管、廃棄などの従業者が順守すべき事項を明確にできる項目を含むことが望ましいと思われます。

- 個人データ名：名称、個人情報の項目、媒体の種類
- 利用に関する事項：利用目的、アクセス権（利用を許可されている部門又は担当者）、利用期限
- 管理責任者
- 保管：保管方法及び保管場所、保管期限
- 廃棄：廃棄方法、廃棄のタイミング、廃棄担当者

個人情報（データ）管理台帳

No.	名称	個人情報の項目	媒体の種類	利用目的	アクセス者（利用を許可されている部門又は担当者）	利用期間	管理責任者	保管方法及び保管場所（サーバー名・端末名・キャビネット名など）	保管期限	廃棄方法	廃棄のタイミング	廃棄担当者	備考

大分類：／中分類：／小分類：　作成者／更新者：　作成日／最終更新日：　承認者／最終承認者：　承認日／最終承認日：　※様式番号及び版

個人情報（データ）管理台帳

12-10
個人データ漏えい等の発生時の対応規程

個人情報の漏えいなどの緊急事態が発生した場合の対応手順を規定したものが、**個人データ漏えい等の発生時の対応規程**になります。

▶▶ 対象となる個人情報保護法の条項

本「個人データ漏えい等の発生時の対応規程」の対象となる個人情報保護法の条項は、以下のとおりとなります。

- ■ 第22条　漏えい等の報告等

▶▶ サンプル規程の解説

本「個人データ漏えい等の発生時の対応規程」は、個人データの漏えい等の発生時の対応に関する手順を明確にするための規程サンプルです。

個人データの漏えい等の定義や、それに対応するための体制や役割、またその影響を最小限に抑えるための対策を含む、段階ごとの対応手順、再発防止及び個人データの漏えい等の発生に関する対応訓練などがサンプル文書として記載されています。

個人データ漏えい等の発生時の対応規程

個人データ漏えい等の発生時の
対応規程

Ver. 1.0
文書番号：PM-M00x

初版制定日：YYYY 年 MM 月 DD 日

最終改訂日：　　　年　　　月　　　日

承認	審査	起案

文書番号:PM-M00x	個人データ漏えい等の発生時	初版制定日：YYYY 年 MM 月 DD 日
Ver. 1.0	の対応規程	最終改訂日：　　年　　月　　日

Ⅰ 目的

　本『個人データ漏えい等の発生時の対応規程』は、個人情報の保護に関する法律に基づき、個人データの漏えい等の発生時の対応に関する手順を規定したものである。

Ⅱ 改訂履歴

日付	改訂内容及び改訂理由	文書の承認		
		承認	審査	起案
YYYY/MM/DD	初版制定			

文書番号：PM-M00x	個人データ漏えい等の発生時	初版制定日：YYYY 年 MM 月 DD 日
Ver. 1.0	の対応規程	最終改訂日：　　年　　月　　日

III.　漏えい等への対応

1.　全般

（1）目的

① 個人データの漏えい等の発生時に、本人の権利利益に配慮し、その影響を最小限とするよう、適切かつ迅速に対応するための手順を定め、維持する。

（2）個人データの漏えい等の定義

① 個人データの漏えい等には、以下を含む。

a　お預かりしている個人情報の、当社の管理下における漏えい、滅失又はき損、改ざんの発生

b　お預かりしている個人情報の、当社の従業者による目的外利用（同意のない第三者提供を含む）

c　お預かりしている個人情報の、当社の委託先による漏えい、滅失又はき損、改ざんの発生

d　お預かりしている個人情報の、当社の委託先の従業者による目的外利用（同意のない第三者提供を含む）

e　その他、上記以外の個人情報保護に関する望ましくない事象の発生

（3）個人データの漏えい等の発生時の役割

① 個人データの漏えい等の発生時の役割は、以下のとおりとする。

役割	担当者	主要な職務
初期対応者		
緊急事態対応者		
最終対応者		

2.　緊急事態の発生時の対応手順

（1）初期対応

① 初期対応者は、以下の事象により個人データの漏えい等の発生の確認を行なう。

a．当社での発見

b．本人からの報告

c．委託先からの事故報告

d．第三者からの連絡

e．その他

② 初期対応者は確認後、可及的速やかに、確認した個人データの漏えい等の内容及び影響を、緊急事態対応者へ報告を行なう。（問題の拡大の恐れがあるため、一次対応者は、自らの判断で処置を行なってはならない。）

3

文書番号:PM-M00x	個人データ漏えい等の発生時	初版制定日：YYYY 年 MM 月 DD 日
Ver. 1.0	の対応規程	最終改訂日：　　年　　月　　日

(2) 個人データの漏えい等への対応
　① 緊急事態対応者は、初期対応者からの報告の受付後、被害を最小限に抑えるための一次的な対処として、以下の内容を含む適切な緊急事態への対応を行う。
　　　a. 当該個人情報（データ）が依拠する情報システムの停止又は（個人情報（データ）の漏えい又は改ざんの場合）
　　　b. 当該個人情報（データ）のバックアップデータからの復旧及び検証（個人情報（データ）の滅失又はき損の場合）
　　　c. 当該個人情報の利用・提供の停止（個人情報の不正利用や不正提供の場合）
　　　d. 当社担当者の全ての権限停止又は拘束（当社社員の故意による情報漏えい・滅失又はき損・改ざんの場合）
　　　e. 委託先への適切な指示（委託先で問題が発生した場合）
　　　f. その他、上記以外で緊急事態対応者が適切と判断した処置
　② 緊急事態対応者は、上記の適切な対応後、その内容及び対応結果を最終対応者へ報告する。

(3) 最終対応
　① 最終対応者は、緊急事態対応者からの報告の受付後、本人への影響及び問題の重要性を確認し、以下の内容を含む適切な処理を行う。
　　　a. 本人への謝罪
　　　b. 本人への、問題が発生した個人情報の内容および実施した処置の通知（対象となる本人が多数に及ぶ場合は、ホームページへの公表等により、本人が容易に知り得る状態に置く）
　　　c. 本人からの要求の受付、検討及び実施
　　　d. 本人への影響を十分に配慮した上で、二次被害や類似事案の発生を防ぐための、可能な限り事実関係、発生原因及び対応策の公表（遅滞なく）
　　　e. 事実関係、発生原因及び対応策の、個人情報保護委員会を含む関係機関への報告（可及的速やかに）※個人情報保護委員会への報告は、個人情報保護委員会規則に従った方法で行うものとする。
　　　f. 上記以外に最終対応者が適切と判断した処置
　② 最終対応者は処置の完了後、本人からの要求も含め、経営層に報告する。

3. 是正処置
　(1) 再発防止策の実施
　　① ○○は、全ての緊急事態対応が完了した後、その緊急事態発生の真の原因を特定し、効果的な、再発防止を実施する。

4. 緊急事態の対応訓練
　(1) 訓練プログラムの作成

4

文書番号：PM-M00x	個人データ漏えい等の発生時	初版制定日：YYYY 年 MM 月 DD 日
Ver. 1.0	の対応規程	最終改訂日：　　年　月　日

① 〇〇は、個人データの漏えい等の対応策に関する【訓練プログラム】を作成する。なお、【訓練プログラム】には、以下を含む。
    a　個人データの漏えい等の想定シナリオ
    b　想定シナリオに基づく、個人データの漏えい等への対応策
    c　訓練を評価するための基準や指標
② 〇〇は、【訓練プログラム】に基づき、訓練を計画し、実施する。

5

12-11
個人情報の取り扱いに関する苦情対応規程

個人情報の取扱いに関して、本人からの苦情を受け付けた場合の対応手順を明確にするための規程が、**個人情報の取り扱いに関する苦情対応規程**になります。

▶▶ 対象となる個人情報保護法の条項

本「個人情報の取り扱いに関する苦情対応規程」の対象となる個人情報保護法の条項は、以下のとおりとなります。

- 第35条　個人情報取扱事業者による苦情の処理

▶▶ サンプル規程の解説

本「個人情報の取り扱いに関する苦情対応規程」は、個人情報の取扱いに関する、本人からの苦情を受け付けた場合の対応手順を明確にするための規程サンプルです。

本人からの苦情を受け付けた場合の、適切かつ迅速な対応手順と、それを実現するための体制を明確にすることがポイントとなります。以下のような項目を含めて作成します。

- 苦情及び相談窓口の設置と通知方法
- 苦情の受付、報告、回答の手順
- 苦情の内容が、個人データの漏えい等だった場合の措置

個人情報の取り扱いに関する苦情対応規程

個人情報の取り扱いに関する
苦情対応規程

Ver. 1.0
文書番号：PM-M00x

初版制定日：YYYY 年 MM 月 DD 日

最終改訂日：　　　年　　月　　日

承認	審査	起案

第12章　個人情報保護に関するサンプル文例集

文書番号：PM-M00x	個人情報の取り扱いに関する	初版制定日：YYYY 年 MM 月 DD 日
Ver. 1.0	苦情対応規程	最終改訂日：　　　年　　月　　日

Ⅰ　目的

　　本『個人情報の取り扱いに関する苦情対応取扱規程』は、個人情報の保護に関する法律に基づき、個人情報の取扱いに関する、本人からの苦情及び相談を受付けし、適切かつ迅速に対応するための手順を規定したものである。

Ⅱ　改訂履歴

日付	改訂内容及び改訂理由	文書の承認		
		承認	審査	起案
YYYY/MM/DD	初版制定			

2

文書番号：PM-M00x	個人情報の取り扱いに関する	初版制定日：YYYY 年 MM 月 DD 日
Ver. 1.0	苦情対応規程	最終改訂日： 年 月 日

III. 苦情及び相談への対応

1. 全般

(1) 目的

  ① 個人情報の取扱いに関する、本人からの苦情を受付けし、適切かつ迅速に対応するための手順を定め、維持する。

(2) 窓口の公開

  ① ○○は、以下の手段を用いて、個人情報の取扱いに関する、苦情対応窓口を公開し、当社がお預かりしている個人情報の本人が知りえる状態にする。

    a　外部向け個人情報保護方針への掲載

    b　当社のホームページ内の個人情報保護に関するページへの掲載

2. 本人からの苦情への対応

(1) 受付〜苦情への対応

  ① ○○は、本人より以下の苦情を受け付けた場合、可及的速やかに、○○に報告を行う。

    a.　本人より“お預かりしている個人情報やその取扱い”についての苦情

    b.　本人より“当社の個人情報管理体制”についての苦情

  ② ○○は、報告後、苦情の内容を「苦情受付管理簿」の“受付時記入欄”に記載し、○○に提出する。

  ③ ○○は、「苦情受付管理簿」の内容に基づき、適切な担当者の指名を行う。

  ④ 指名を受けた担当者は、「苦情受付管理簿」の内容に基づき、適切な処置を実施し、その結果を○○に報告する。

  ⑤ ○○は、適切な処置の実施後又は指名した担当者の処置結果確認後、「苦情受付管理簿」の“処置結果記入欄”にその内容を記載する。

3. 個人データ漏えい等の発生時の対応

(1) 判断基準及び手順

  ① ○○は、本人より受け付けた苦情が以下に該当する場合は、可及的速やかに、○○に報告を行う。

    a　お預かりしている個人情報の、漏えいの発生

    b　お預かりしている個人情報の、滅失又はき損の発生

    c　お預かりしている個人情報の、改ざんの発生

    d　お預かりしている個人情報の、目的外利用（同意のない第三者提供を含む）

    e　その他、上記以外の個人情報に関する緊急事態の発生

  ② ○○は、上記の報告を受けた後、個人データ漏えい等の発生時の対応手順を実施する。なお、個人データ漏えい等の発生時の対応手順は、『個人データ漏えい等の発生時の対応規程』に定める。

3

12-12
苦情受付管理簿

本人からの苦情についての受付から対応完了までの状況を管理するための書式が、**苦情受付管理簿**になります。

▶▶ 対象となる個人情報保護法の条項

本「苦情受付管理簿」の対象となる個人情報保護法の条項は、以下のとおりとなります。

- 第35条 個人情報取扱事業者による苦情の処理

▶▶ サンプル書式の解説

本「苦情受付管理簿」は、本人からの苦情を受け付け、対応するまでの状況を明確にするための書式サンプルです。**個人情報の取り扱いに関する苦情対応規程**から引用されます。

本人からの苦情を受け付けた際に、いつ誰がどのような内容を受け付けし、いつ誰がどのように対応したのかを一覧として管理できるようにすることがポイントとなります。以下のような項目を含めて作成します。

- 受付日、受付者
- 苦情申出者情報（回答送付先等の情報も含む）
- 受付内容
- 対応内容
- 対応者
- 確認者
- 対応完了日

苦情受付管理簿

苦情受付管理簿

※様式番号及び版

作成／最終更新者
作成／最終更新日

No.	受付日	受付者	受付時記入欄			処置結果記入欄		
			苦情申出者情報 (回答送付先等の情報も含む)	受付内容	対応内容	対応者	完了確認者	対応完了日

おわりに

　個人情報保護法への対応は、単なるルール制度の構築だけではありません。したがって、構築した個人情報保護の仕組みを全ての従業者に理解させ、確実に実施させることが重要なことだと思われます。

　また、各部門によるセルフチェックや内部監査などを通じて、その運用の状況を適切な頻度で確認することも、構築した個人情報保護の仕組みを定着させ、また形骸化させないための重要キーワードであるといえるでしょう。

　ぜひ本書をご活用いただき、改正個人情報保護法への対応の準備にお役立ていただければ幸いです。

　なお、本書に書かれている内容につきましては、著者が責任を持って推奨しておりますが、法令等の準拠を保証するものではありません。

　最後に、本書がこのような形で世に出せるのは、当社にコンサルティングの機会をいただき、一緒に課題の解決に参画していただいた多くのお客様のおかげだと思っています。この場をお借りして深く感謝の意を表させていただきます。

2021年1月吉日

著者　打川　和男

【本書に関するお問い合わせ】
本書の内容に関するお問い合わせは、下記までお願いいたします。
＜お問い合わせ先＞
編著者　　打川　和男
株式会社TWS総合研究所　代表取締役
e-mail　kazuo.uchikawa@twsri.co.jp

さ行

た行

索
引

ま行

や・ら行

索
引

著者紹介

打川　和男 （うちかわ　かずお）

株式会社TWS総合研究所 代表取締役

IRCA登録　品質マネジメントシステム審査員補 (ISO 9001)

IRCA登録　環境マネジメントシステム審査員補 (ISO 14001)

IRCA登録　情報セキュリティマネジメントシステム審査員補 (ISO/IEC 27001)

IRCA登録　ITサービスマネジメントシステム審査員補 (ISO/IEC 20000-1)

IRCA登録　労働安全衛生マネジメントシステム審査員補 (OHSAS 18001)

IRCA登録　事業継続マネジメントシステム審査員補 (ISO 22301)

　株式会社ジェイエムシーにおいて、ビジネスコンサルティングに従事した後、マネジメントコンサルティング事業を立ち上げ、ISO 9001、ISO 14001、ISMS/BS 7799、プライバシーマーク、ITSMS認証取得支援コンサルティング業務、講演、執筆活動に従事。

　2006年にISOの認証機関である、BSI（英国規格協会）の教育事業本部長として各種マネジメントシステム規格の普及活動、各種研修コースの開発、講演、執筆活動に従事。

　2011年に、株式会社アイテクノにおいて、研修及びコンサルティング事業を立ち上げ、自らも取締役副社長兼上席コンサルタントとして研修講師及びコンサルタントとして活動。

　2016年より、株式会社TWS総合研究所の代表取締役兼上席コンサルタントとして、情報セキュリティや個人情報保護に関するコンサルティング、ISOマネジメントシステム認証取得支援コンサルティング業務、講演、企業内研修・執筆活動に従事している。

著書

編著　図解入門ビジネス 事業継続マネジメントシステムISO 22301 2019のすべてがよ～くわかる本（秀和システム）

編著　Q&Aシリーズ　災害・事故・疫病に負けない会社を作るBCP策定のすすめ（税経）

編著　ISO 45001文例集（秀和システム）

編著　プライバシーマーク文例集（秀和システム）

編著　ISO 27001文例集（秀和システム）

編著　図解入門ビジネス サービスマネジメントシステム ISO/IEC 20000-1 2018のすべてがよ～くわかる本（秀和システム）

編著　図解入門ビジネス 労働安全衛生マネジメントシステム ISO 45001 2018のすべてがよ～くわかる本（秀和システム）

編著　図解入門ビジネス 最速 プライバシーマーク取得がよ～くわかる本【第4版】（秀和システム）

編著　図解入門ビジネス 最新 ISO 9001 2015文例集（秀和システム）

編著　図解入門ビジネス 最新 ISO 27017とISO 27018がよ～くわかる本（秀和システム）

編著　図解入門ビジネス 最新 ITIL(R)とISO/IEC 20000がよ～くわかる本（秀和システム）

編著　図解入門ビジネス 最新 事業継続マネジメントとBCP(事業継続計画)がよ～くわかる本（秀和システム）

編著　図解入門ビジネス 最新 ISO 14001 2015のすべてがよ～くわかる本（秀和システム）

編著　図解入門ビジネス 最新 ISO 9001 2015のすべてがよ～くわかる本（秀和システム）

編著　図解入門ビジネス 最速 プライバシーマーク取得がよ～くわかる本【第3版】（秀和システム）

編著　Q&Aシリーズ　中小企業のマイナンバー対策（税経）

編著　図解入門ビジネス ISO 29990の基本と仕組みがよ～くわかる本【第2版】（秀和システム）

編著　図解入門ビジネス 最新 ISO 27001 2013の仕組みがよ～くわかる本（秀和システム）

編著　図解入門ビジネス ISO 39001 道路交通安全管理がよ～くわかる本（秀和システム）

編著　文書管理を効率化！ ISO 14001文例集（秀和システム）

編著　図解入門ビジネス ISO 22301 事業継続管理がよ～くわかる本（秀和システム）

編著　文書管理を効率化！ ISO 9001文例集（秀和システム）

編著　図解入門ビジネス 最新 ISO 27001の基本と実践がよ～くわかる本（秀和システム）

編著　図解入門ビジネス 最新 ISO 9001の基本と実践がよ～くわかる本（秀和システム）

編著　図解入門ビジネス ISO 29990の基本と仕組みがよ～くわかる本（秀和システム）

編著　図解入門ビジネス ISO 20000 2011の基本と仕組みがよ～くわかる本（秀和システム）

編著　図解入門ビジネス 最速 プライバシーマーク取得がよ～くわかる本【第2版】（秀和システム）

編著　図解入門ビジネス ISO 50001の基本と仕組みがよ～くわかる本（秀和システム）

編著　図解入門ビジネス 最新 消費者保護と苦情対応がよ～くわかる本（秀和システム）

編著　図解入門ビジネス 最新 ITIL V3の基本と仕組みがよ～くわかる本（秀和システム）

編著　図解入門ビジネス 最新 温暖化対策の基本と仕組みがよ～くわかる本（秀和システム）

編著　図解入門ビジネス 最新 事業継続管理の基本と仕組みがよ～くわかる本（秀和システム）

編著　図解入門ビジネス 最新 IT統制の基本と仕組みがよ～くわかる本（秀和システム）

編著　図解入門ビジネス ISO 20000の基本と仕組みがよ～くわかる本（秀和システム）

編著　図解入門ビジネス 最速 プライバシーマーク取得がよ～くわかる本 新JIS対応版（秀和システム）

編著　図解入門ビジネス 最新 ITILがよ～くわかる本（秀和システム）

編著　図解入門ビジネス 最速 プライバシーマークの取得実務がよ～くわかる本（秀和システム）

編著　市場の失敗事例で学ぶ情報セキュリティポリシーの実践的構築手法（オーム社）

共著　個人情報保護法と企業対応（清文社）

執筆協力者

青野　日子（あおの　あきこ）

株式会社TWS総合研究所　コンサルタント

　情報サービス会社において、プライバシーマークやISMS、ISO9001の導入・運用に関する事務局に従事。

現在は、TWS総合研究所のコンサルタントとして、プライバシーマークやISMSをはじめとする各種マネジメントシステムのコンサルティング、研修講師、執筆活動に従事している。

執筆協力

執筆協力	図解入門ビジネス 事業継続マネジメントシステムISO 22301 2019のすべてがよ～くわかる本(秀和システム)
執筆協力	プライバシーマーク文例集(秀和システム)
執筆協力	図解入門ビジネス サービスマネジメントシステム ISO/IEC20000-1 2018のすべてがよ～くわかる本(秀和システム)
執筆協力	図解入門ビジネス 最速 プライバシーマーク取得がよ～くわかる本【第4版】(秀和システム)
執筆(連載)	コンタクトセンター・マネジメント(CCM研究所) プライバシーマーク新JIS対応のポイント(2018年4月号～2018年6月号)

執筆協力者

八巻　瞳（やまき　ひとみ）

簗瀬　喜一（やなせ　よしかず）

図解入門ビジネス

**最新 個人情報保護法の
基本と実務対策がよ～くわかる本**

| 発行日 | 2021年　2月22日 | 第1版第1刷 |

著　者　打川　和男

発行者　斉藤　和邦
発行所　株式会社　秀和システム
　　　　〒135-0016
　　　　東京都江東区東陽2-4-2　新宮ビル2F
　　　　Tel 03-6264-3105（販売）　　Fax 03-6264-3094
印刷所　三松堂印刷株式会社　　　　Printed in Japan

ISBN978-4-7980-6392-8 C2034